MACROECONOMIA
DA ESTAGNAÇÃO BRASILEIRA

José Luís Oreiro | Luiz Fernando de Paula

MACROECONOMIA
DA ESTAGNAÇÃO BRASILEIRA

Prefácio:
Luiz Carlos Bresser-Pereira

ALTA BOOKS
EDITORA
Rio de Janeiro, 2021

Macroeconomia da Estagnação Brasileira
Copyright © 2021 da Starlin Alta Editora e Consultoria Eireli. ISBN: 978-85-508-1491-9

Todos os direitos estão reservados e protegidos por Lei. Nenhuma parte deste livro, sem autorização prévia por escrito da editora, poderá ser reproduzida ou transmitida. A violação dos Direitos Autorais é crime estabelecido na Lei nº 9.610/98 e com punição de acordo com o artigo 184 do Código Penal.

A editora não se responsabiliza pelo conteúdo da obra, formulada exclusivamente pelo(s) autor(es).

Marcas Registradas: Todos os termos mencionados e reconhecidos como Marca Registrada e/ou Comercial são de responsabilidade de seus proprietários. A editora informa não estar associada a nenhum produto e/ou fornecedor apresentado no livro.

Impresso no Brasil — 1ª Edição, 2021 — Edição revisada conforme o Acordo Ortográfico da Língua Portuguesa de 2009.

Produção Editorial	**Produtor Editorial**	**Coordenação de Eventos**	**Equipe de Marketing**
Editora Alta Books	Illysabelle Trajano	Viviane Paiva	Livia Carvalho
	Thiê Alves	eventos@altabooks.com.br	Gabriela Carvalho
Gerência Editorial			marketing@altabooks.com.br
Anderson Vieira	**Assistente Editorial**	**Assistente Comercial**	
	Maria de Lourdes Borges	Filipe Amorim	**Editor de Aquisição**
Gerência Comercial		vendas.corporativas@altabooks.com.br	José Rugeri
Daniele Fonseca			j.rugeri@altabooks.com.br
Equipe Editorial	**Equipe de Design**	**Equipe Comercial**	
Ian Verçosa	Larissa Lima	Daiana Costa	
Luana Goulart	Marcelli Ferreira	Daniel Leal	
Raquel Porto	Paulo Gomes	Kaique Luiz	
Rodrigo Dutra		Tairone Oliveira	
Thales Silva		Vanessa Leite	
Revisão Gramatical	**Diagramação**	**Capa**	
Flávia Carrara	Daniel Vargas	Lucia Quaresma	
Joris Bianca			

Publique seu livro com a Alta Books. Para mais informações envie um e-mail para autoria@altabooks.com.br

Obra disponível para venda corporativa e/ou personalizada. Para mais informações, fale com projetos@altabooks.com.br

Erratas e arquivos de apoio: No site da editora relatamos, com a devida correção, qualquer erro encontrado em nossos livros, bem como disponibilizamos arquivos de apoio se aplicáveis à obra em questão.

Acesse o site www.altabooks.com.br e procure pelo título do livro desejado para ter acesso às erratas, aos arquivos de apoio e/ou a outros conteúdos aplicáveis à obra.

Suporte Técnico: A obra é comercializada na forma em que está, sem direito a suporte técnico ou orientação pessoal/exclusiva ao leitor.

A editora não se responsabiliza pela manutenção, atualização e idioma dos sites referidos pelos autores nesta obra.

Ouvidoria: ouvidoria@altabooks.com.br

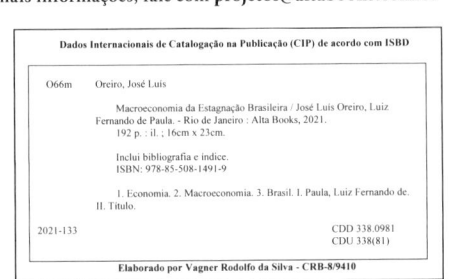

Dados Internacionais de Catalogação na Publicação (CIP) de acordo com ISBD

O66m   Oreiro, José Luis
         Macroeconomia da Estagnação Brasileira / José Luis Oreiro, Luiz Fernando de Paula. - Rio de Janeiro : Alta Books, 2021.
         192 p. : il. ; 16cm x 23cm.

         Inclui bibliografia e índice.
         ISBN: 978-85-508-1491-9

         1. Economia. 2. Macroeconomia. 3. Brasil. I. Paula, Luiz Fernando de. II. Título.

2021-133   CDD 338.0981
                                             CDU 338(81)

Elaborado por Vagner Rodolfo da Silva - CRB-8/9410

Rua Viúva Cláudio, 291 — Bairro Industrial do Jacaré
CEP: 20.970-031 — Rio de Janeiro (RJ)
Tels.: (21) 3278-8069 / 3278-8419
www.altabooks.com.br — altabooks@altabooks.com.br
www.facebook.com/altabooks — www.instagram.com/altabooks

Para meu querido pai, Domingo Oreiro Muiño, por ter contribuído decisivamente para me tornar o homem que sou; para minha esposa, Kalinka Martins da Silva, pelo seu amor incondicional. JLO

Para meus queridos pais, Antonio e Aracy, em memória, pela doce lembrança; Simone e Júlia, fontes de eterna inspiração. LFP

Sumário

Capítulo 1 Evolução e análise da consistência do regime macroeconômico no Brasil 1

    A evolução do regime de política macroeconômica no Brasil (1999–2014)   2

    A grande recessão brasileira: antecedentes e causas (2014–2016)   35

    O governo Temer: acertos e equívocos na condução da política macroeconômica   46

Capítulo 2 O regime de metas de inflação e a condução da política monetária no Brasil: por que a taxa real de juros no Brasil é tão alta?.. 57

    O protocolo do regime de metas de inflação   58

    O regime de metas de inflação brasileiro   61

    A taxa de juros de equilíbrio da economia brasileira   66

    Fontes de pressão inflacionária autônoma: conflito distributivo e impulso fiscal   71

Fontes de ineficácia da política monetária: a relação entre
o mercado de dívida pública e a política monetária no Brasil   76

Controvérsias recentes sobre a teoria e a prática da política
monetária no Brasil: uma crítica aos argumentos de
Lara Resende (2017)   81

Capítulo 3 Comportamento do crédito e do spread bancário
no período 2003–2016..93

Boom e desaceleração do crédito   94

Ajuste patrimonial e padrão de rentabilidade dos bancos   106

Spread bancário   119

Capítulo 4 A economia brasileira nos governos Temer e Bolsonaro[1]......**127**

Uma economia em marcha lenta   130

A política econômica de Temer e Bolsonaro   153

Conclusão   159

Prefácio

Luiz Carlos Bresser-Pereira[1]

Em 1999, eu escrevi um artigo sobre os 20 anos de quase estagnação do Brasil; em 2007, um livro, *Macroeconomia da Estagnação*; em 2017, escrevi um longo artigo e, neste ano, um breve artigo sobre os 38 e os 40 anos de semiestagnação da economia brasileira. Meu ponto de referência era 1990, quando a economia brasileira abandonou o regime de política econômica desenvolvimentista que transformara o Brasil em um grande exportador de bens manufaturados, fez a abertura comercial e, em seguida, a financeira e, desde então, tem um regime de política econômica liberal, com apenas um breve e equivocado experimento desenvolvimentista (2011–12) que nossos dois autores denominam "desenvolvimentismo inconsistente" — em outras palavras, populismo fiscal. Agora, meus amigos José Luiz e Luiz Fernando analisam, neste livro, a quase estagnação da economia brasileira desde 1999 — ano em que o Brasil mudou seu regime de política macroeconômica ao fazer flutuar o real e adotar a política de metas de inflação.

---

1 Professor Emérito da Fundação Getúlio Vargas de São Paulo (FGV-SP)

A história que os dois notáveis economistas nos apresentam neste livro não é das mais felizes. A economia brasileira estagnou nos anos 1980 devido à crise da dívida externa e à alta inflação. Em 1993, o Plano Brady resolveu o problema da dívida, e, no ano seguinte, um plano heterodoxo baseado na teoria da inflação inercial, o Plano Real, terminou com a alta inflação. Não obstante, nos oito anos seguintes, o país passou por duas crises financeiras e permaneceu quase estagnado.

Em função da primeira crise financeira, no início de 1999, o Brasil fez um acordo com o Fundo Monetário Internacional e definiu um tripé de política macroeconômica: câmbio flutuante, política de metas de inflação e responsabilidade fiscal. O que o Plano Real não conseguira, talvez agora o tripé conseguisse: que a economia brasileira voltasse a crescer com estabilidade. Mas nossos dois autores mostram que não foi isso que aconteceu. Conforme assinalam Oreiro e Paula, o fundamento teórico do tripé era o "novo consenso macroeconômico", segundo o qual a estabilidade da taxa de inflação é o objetivo fundamental, senão o único, da política macroeconômica. A taxa de câmbio flutuante, que substitui a política de minidesvalorizações instituída em 1964, deveria, segundo a ortodoxia liberal agora dominante, acabar com as crises financeiras, mas, quatro anos depois, o país enfrentou nova crise financeira.

O tripé, afinal, significou taxa de juros muito alta e taxa de câmbio apreciada no longo prazo. Ora, conforme o novo-desenvolvimentismo, a teoria econômica que compartilhamos, uma taxa de câmbio apreciada no longo prazo aprecia o câmbio e tira competitividade econômica de empresas tecnologicamente competentes, ou, em outras palavras, desconecta essas empresas da sua demanda interna e externa.

Ainda que a taxa de juros tenha declinado lentamente e, em 2019, afinal, tornado-se relativamente baixa, em quase todo o período analisado, ela se manteve muito elevada. Conforme o livro esclarece, taxa de juros de equilíbrio é aquela que elimina os ganhos de arbitragem entre títulos domésticos e títulos estrangeiros, acrescentados à taxa de juros internacional os prêmios de risco do país. Mas a taxa de juros no Brasil não obedecia a essa regra, nem à regra de que não deve ser superior à taxa de retorno dos capitais ou a taxa de crescimento. Por exemplo, em julho de 2008, a taxa de juros real de equilíbrio da economia brasileira situava-se em torno de 1,48% a.a., enquanto a taxa Selic over real encontrava-se em 4,87% a.a. No livro, há uma extensa discussão sobre as causas dos juros altos no Brasil. Estas estão associadas ao sistema de indexação da dívida pública, aos interesses de rentistas e financistas e à política de atrair capitais para, equivocadamente, tentar crescer com endividamento externo; ou, como resumem nossos dois autores, "porque simplesmente nenhum governo após a reintrodução das eleições diretas procurou eliminar as distorções que conduzem a esse resultado".

Até 2002, o Brasil havia sido governado por uma coalizão de centro-direita; de 2003 a 2015, a coalizão política passou a ser de centro-esquerda, mas, nos primeiros, a política macroeconômica continuou obedecendo aos preceitos da ortodoxia liberal ou "novo consenso". A inflação, que subiu nas duas crises financeiras, ao mesmo tempo em que o real se depreciava, voltou a cair, e a taxa de câmbio voltou a se apreciar. Essa apreciação passou a ser muito grande a partir de 2008 devido ao *boom* de commodity, que agravou a doença holandesa, e às grandes entradas de capitais em um Brasil que se submetia inteiramente ao Consenso de Washington e abria totalmente suas portas para as mercadorias, serviços e capitais dos países ricos.

Enquanto a taxa de câmbio se apreciava, não obstante a compra de dólares e o aumento das reservas internacionais do país, a política macroeconômica abandonava a ortodoxia liberal e começava a expandir gradualmente as despesas e o crédito público. Em 2011, quando o Banco Central decide baixar os juros, sem, no entanto, promover o ajuste fiscal necessário, o governo anuncia "uma nova matriz econômica" baseada em juros baixos. Mas o inevitável recrudescimento da inflação leva o governo a abandonar o seu projeto e a mergulhar no populismo fiscal representado pelo aumento generalizado da despesa pública e desonerações igualmente generalizadas de impostos.

O resultado de taxas de juros absurdas, de uma taxa de câmbio radicalmente apreciada e de uma política fiscal irresponsável foi a soma de uma crise fiscal, o Estado voltando, de repente, a apresentar altos deficits primários, com uma crise financeira imediatamente transformada em recessão.

O regime de política macroeconômica muda, então, pela terceira vez: mudara em 1990 para a ortodoxia liberal do tripé macroeconômico; a partir de 2008, para o desenvolvimentismo inconsistente da nova matriz macroeconômica; e, desde 2016, para uma ortodoxia liberal radical que aprofundou a recessão e o desemprego em vez de tentar superá-los.

O livro termina sem conseguir ver, nas políticas econômicas que o país vem adotando por governos de centro-direita, de centro-esquerda e, agora, de extrema direita, uma saída. A economia brasileira enfrenta um processo estrutural de estagnação econômica que só poderá ser superado através de um combate cerrado ao populismo fiscal e cambial que garanta o equilíbrio das contas públicas — da conta fiscal e da conta corrente — e devolva ao Estado capacidade de investir, ao mesmo tempo em que torne os cinco preços macroeconômicos certos (que a taxa de juros seja baixa, a taxa de câmbio seja competitiva, a taxa de salários cresça com a produtividade e que a taxa de inflação se mantenha sob controle) para que a taxa de lucro seja satisfatória e as empresas voltem, também, a investir.

Apresentação

Este livro objetiva efetuar uma análise da evolução da economia brasileira a partir da implementação do tripé macroeconômico, em 1999, até a crise e estagnação da economia brasileira, a partir de 2014, analisando os problemas das políticas implementadas no período, inclusive aquelas adotadas no contexto do *miniboom* de crescimento de 2003–2014. Nesse sentido, pretende-se dar uma contribuição para o entendimento da economia brasileira contemporânea.

Cabe ressaltar que, na análise feita no livro, está subjacente uma visão de mundo keynesiana, que é compartilhada pelos autores, segundo a qual economias monetárias, em que as tomadas de decisão importantes são feitas sob incerteza fundamental, exibem normalmente elementos de instabilidade e não criam espontaneamente o nível de demanda agregada consistente com o pleno emprego. Consequentemente, em economias monetárias, o pleno emprego só pode ser alcançado por acidente ou através de políticas econômicas. Sendo assim, políticas keynesianas referem-se ao entendimento de que "implicações de política surgem da percepção do papel da demanda agregada em estabelecer o nível da atividade econômica e [de que há] falta de forças automáticas que conduzem uma economia de mercado ao pleno emprego" (Arestis e Sawyer, 1998, p. 181); contudo, políticas keynesianas, para serem bem-sucedidas, devem ser bem definidas e bem coordenadas, utilizando-se coerentemente instrumentos adequados para as metas almejadas, do contrário, acabam não alcançando os objetivos pretendidos. Como veremos neste livro, a política econômica adotada no período analisado não só teve diferentes tons, ora ortodoxa, ora heterodoxa, como também, em algumas ocasiões, não foi bem coordenada.

Além de keynesiana, a visão dos autores é estruturalista, uma vez que qualquer análise para economias periféricas deve levar em consideração a especificidade da "condição periférica" (forma da inserção internacional e heterogeneidade estrutural) e as especificidades da estrutura produtiva do país, sendo esta fortemente influenciada pelas políticas econômicas adotadas. Estrutura e políticas interagem na abordagem aqui adotada.

O livro está dividido em quatro capítulos.

O Capítulo 1 analisa a evolução e a consistência do regime de política macroeconômica no Brasil desde a implantação do assim chamado tripé macroeconômico até a eclosão da grande recessão brasileira, no segundo trimestre de 2014, que foi a mais longa recessão da história brasileira, durando até o último trimestre de 2016. Argumenta-se que o Brasil conviveu, nesse período, com diversos regimes de política macroeconômica, os quais tinham em comum o fato de serem inconsistentes no sentido de Tinbergen, ou seja, definirem objetivos e metas de política econômica que ou são mutuamente inconsistentes entre si ou não podem ser alcançados por intermédio da manipulação dos instrumentos de política econômica à disposição do *policy maker*. Essa inconsistência é a causa fundamental do *desequilíbrio dos preços macroeconômicos*, notadamente câmbio (sobrevalorizado) e juros (excessivamente elevados); desequilíbrio esse que termina por *afetar negativamente a competitividade da indústria de transformação*, que é o motor de crescimento de longo prazo de economias de renda média, como o Brasil.

O Capítulo 2, por sua vez, analisa em detalhe a operação da política monetária no Brasil no período 2003–2017, mostrando como esses fatores de pressão inflacionária autônoma, conjugados com a existência de títulos públicos indexados à taxa Selic, acabam atuando no sentido de manter a taxa real de juros no Brasil acima do seu patamar de equilíbrio de longo prazo, contribuindo, assim, para a sobrevalorização cambial e a perda de competitividade da indústria de transformação.

Já o Capítulo 3 toma como ponto de partida que, desde meados dos anos 1980 até 2003, a dinâmica do mercado de crédito brasileiro caracterizou-se, grosso modo, pela semiestagnação, e, a partir daí, observa-se um *boom* creditício no período 2003–2014, seguido de aguda contração em 2015/2016. Durante o *boom*, ocorreu uma importante mudança patrimonial do setor bancário com a diminuição do peso relativo das aplicações em títulos e valores mobiliários e o aumento do peso das operações de crédito, ao mesmo tempo em que se elevaram as receitas com intermediação financeira e com serviços e tarifas. A forte contração da oferta de crédito a partir de 2015, por sua vez, não resultou na deterioração da saúde financeira dos bancos. Cabe destacar que a manutenção de *spreads* elevados, ao mesmo tempo em que resultou em um encarecimento do crédito, favoreceu o desempenho dos bancos no mercado analisado. Nesse contexto, o capítulo tem por objetivo analisar as características do recente *boom* e a desaceleração do crédito no Brasil (2003–2016), as mudanças no padrão de rentabilidade dos bancos (privados e públicos), além dos determinantes do *spread* bancário no país.

Por fim, o Capítulo 4 analisa as razões do processo de estagnação em que se encontra a economia brasileira após o término da grande recessão de 2014–2016 e avalia em que medida a política e a agenda econômica implementadas por Temer e Bolsonaro têm sido eficazes para enfrentar a estagnação atual. Nossa hipótese geral de trabalho é que a política ortodoxa-liberal que vem sendo implementada é equivocada e incapaz de dar sustentação a um novo ciclo de crescimento para a economia brasileira. Em particular, sustentamos que a economia brasileira está estagnada em função de: (i) combinação de um conjunto de fatores estruturais (desindustrialização, histerese no mercado de trabalho etc.) e conjunturais (*overkill* da política econômica, *balance sheet recession* etc.); (ii) combinação de um conjunto de fatores endógenos (dependentes da ação do governo) e exógenos (queda dos preços de commodities em 2019; guerra comercial EUA/China; recessão na Argentina etc.).

1

Evolução e análise da consistência do regime macroeconômico no Brasil

(1999-2017)

Este capítulo tem por objetivo analisar a evolução e a consistência do regime de política macroeconômica no Brasil desde a implantação do assim chamado tripé macroeconômico até a eclosão da grande recessão brasileira no segundo trimestre de 2014, que foi a mais longa recessão da história brasileira, durando até o último trimestre de 2016. Como argumentaremos ao longo das próximas seções, o Brasil conviveu, nesse período, com diversos regimes de política macroeconômica, os quais tinham em comum o fato de serem inconsistentes no sentido de Tinbergen, ou seja, definirem objetivos e metas de política econômica que ou são mutuamente inconsistentes entre si ou não podem ser alcançados por intermédio da manipulação dos instrumentos de política econômica à disposição do *policy maker*. Essa inconsistência é a causa fundamental do *desequilíbrio dos preços macroeconômicos*, notadamente o câmbio (sobrevalorizado) e juros (excessivamente elevados); desequilíbrio esse que termina por *afetar negativamente a competitividade da indústria de transformação*, que é o motor de crescimento de longo prazo de economias de renda média, como o Brasil.

A evolução do regime de política macroeconômica no Brasil (1999-2014)

A condução das políticas macroeconômicas no Brasil passou por uma grande transformação nos últimos 15 anos. Entre 1999 e 2005, o regime de política macroeconômica[1] prevalecente no Brasil era caracterizado pelo "tripé macroeconômico", no qual a política monetária era conduzida no arcabouço de um regime de metas de inflação; a política cambial seguia um padrão de flutuação relativamente livre da taxa nominal de câmbio; e a política fiscal era pautada pela geração de expressivos superavits primários como proporção do PIB. Nesse contexto, as políticas macroeconômicas tinham por meta a estabilidade da taxa de inflação, o equilíbrio "automático" do balanço de pagamentos e a estabilidade/redução da dívida pública como proporção do PIB.

O regime de política macroeconômica prevalecente no Brasil começa a mudar em 2006, ao final do primeiro mandato do presidente Lula. O "tripé macroeconômico", embora mantido, começa a ser flexibilizado. Um primeiro elemento importante dessa flexibilização consistiu na retirada dos investimentos realizados pela União do cálculo da meta de superavit primário, em particular os investimentos previstos no Programa de Aceleração do Crescimento, a partir de julho de 2009. Essa retirada sinalizou de forma inequívoca que a condução da política fiscal seria, a partir daquele momento, pautada pela obtenção de duas metas, a saber: a estabilidade/

---

[1] Com base em Herr e Kazandziska (2011), define-se o **Regime de Política Macroeconômica** como o conjunto de objetivos, metas e instrumentos de política macroeconômica, bem como o arcabouço institucional no qual a política econômica é executada.

redução da relação dívida pública/PIB e o aumento do investimento público como proporção do PIB.

No que se refere ao regime de metas de inflação, a saída de Antônio Palocci do Ministério da Fazenda e sua substituição por Guido Mantega levaram ao abandono da sistemática de "metas de inflação declinantes", na qual a autoridade monetária perseguia metas de inflação cada vez mais baixas ano a ano, de maneira a obter uma meta de inflação de longo prazo de 3% a.a. A partir de 2005, com efeito, o Conselho Monetário Nacional manteve a meta de inflação constante em 4,5% a.a. O abandono desse sistema de metas declinantes abriu espaço para uma maior redução da taxa de juros (tanto em termos nominais como em termos reais), permitindo que a taxa real de juros ficasse abaixo do patamar de 9% a.a., valor mantido durante os primeiros anos da administração petista.

Por fim, no que se refere à política cambial, a forte valorização observada na taxa nominal e real de câmbio após 2005 levou o Banco Central a adotar, no final de 2006 e início de 2007, uma política de compra em massa de reservas internacionais com o objetivo implícito de reduzir a velocidade de apreciação da taxa nominal de câmbio; tentando, com isso, preservar a competitividade da indústria brasileira nos mercados internacionais.

A flexibilização do "tripé macroeconômico" tinha, portanto, como objetivo conciliar a estabilidade macroeconômica obtida com o "tripé rígido "ao mesmo tempo em que abria espaço para um estímulo maior ao crescimento econômico pelo lado da demanda agregada (maior investimento público, redução da taxa de juros). Essa ampliação do escopo de objetivos do regime de política macroeconômica revela uma mudança na percepção da equipe econômica do governo a respeito da natureza do crescimento econômico. Se, na era do "tripé rígido", o crescimento econômico era visto como determinado pelo lado da oferta da economia, na era do "tripé flexível", o crescimento é visto como essencialmente determinado pelo lado da demanda agregada. Daqui se segue que as políticas macroeconômicas serão orientadas, a partir desse momento, para a geração de uma elevada taxa de crescimento da demanda agregada doméstica.

Um elemento importante na obtenção desse objetivo foi a política de valorização do salário mínimo adotada pelo governo Lula. Com efeito, o salário mínimo passa a crescer de forma expressiva em termos reais, reduzindo-se, assim, a diferença com relação ao salário médio prevalecente na economia brasileira. Como consequência disso, a dispersão salarial se reduz, permitindo uma melhoria na distribuição pessoal e funcional da renda, o que estimulou o crescimento dos gastos de consumo da classe trabalhadora.

A forte expansão da demanda agregada doméstica no período em consideração — alimentada pelo crescimento dos gastos primários do governo a um ritmo maior do que o crescimento do PIB a partir de 2006 — foi acompanhada por uma forte valorização da taxa real de câmbio, a qual levou ao ressurgimento dos deficits em conta corrente a partir de 2007. A valorização cambial também foi um dos fatores responsáveis pelo deficit comercial crescente da indústria de transformação e, dessa forma, um dos fatores a impulsionar uma "segunda onda de desindustrialização"[2]. A perda de competitividade e dinamismo do setor industrial em conjunto com o tamanho ainda reduzido do investimento público no PIB levou à interrupção do crescimento da taxa de investimento da economia brasileira, que vinha aumentando de forma contínua desde o início do governo Lula. A perda de dinamismo das exportações de manufaturados e da formação bruta de capital fixo constituía-se numa ameaça à sustentabilidade da trajetória de crescimento da economia brasileira, uma vez que essa trajetória

---

2 Sobre a desindustrialização da economia Brasileira, ver Oreiro e Feijó (2010) e Soares, Mutter e Oreiro (2013).

passa a ser limitada tanto pela restrição do equilíbrio intertemporal do balanço de pagamentos como pela "barreira inflacionária", decorrente do desequilíbrio entre a taxa de crescimento da capacidade produtiva e a taxa de crescimento da demanda agregada doméstica.

Para enfrentar esses problemas, o governo da presidente Dilma Rousseff tentou libertar-se definitivamente do "tripé macroeconômico", substituindo-o por uma "nova matriz macroeconômica" caracterizada pela combinação entre juros baixos, câmbio "competitivo" e política fiscal "amigável" ao investimento público[3]. O problema é que essa "nova matriz macroeconômica" não rompeu com o "desenvolvimentismo inconsistente" iniciado no segundo mandato do presidente Lula, após a erupção da crise financeira internacional, herdando, portanto, o dilema de política econômica inerente a esse regime de crescimento, qual seja, o dilema (*trade-off*) entre competitividade externa e controle de taxa de inflação. Nesse contexto, a política macroeconômica do governo Dilma Rousseff comportou-se como uma espécie de "biruta de aeroporto", ora adotando medidas no sentido de acelerar a desvalorização do câmbio nominal de maneira a recuperar a competitividade externa da economia brasileira; ora desistindo dessas medidas com o intuito de reduzir a pressão inflacionária decorrente do crescimento dos salários num ritmo superior ao da produtividade do trabalho. O resultado desse comportamento errático da política macroeconômica foi a manutenção da sobrevalorização cambial e do patamar elevado da taxa real de juros, ou seja, a perpetuação da "armadilha câmbio-juros".

---

3 Ver as declarações do Secretário de Política Econômica, Márcio Holland, na matéria *Transição para a nova matriz macroeconômica afetou o PIB*, Valor Econômico, 17/12/2012.

O tripé macroeconômico e sua flexibilização (1999-2008)

Entre 1999 e 2005, o regime de política macroeconômica prevalecente no Brasil era baseado no assim chamado "tripé macroeconômico" constituído de metas de inflação, metas de geração de superavit primário e flutuação relativamente livre da taxa nominal de câmbio[4]. O fundamento teórico do "tripé" era o "novo consenso macroeconômico", segundo o qual a estabilidade da taxa de inflação é o objetivo fundamental, senão o único, da política macroeconômica (Sawyer, 2009). Com efeito, não só a política monetária passou a ser orientada diretamente para o controle da inflação, relegando a um segundo plano o objetivo de estabilização do nível de atividade econômica, como também as políticas fiscal e cambial passaram a ser subordinadas ao objetivo da estabilidade de preços. De fato, a geração de um robusto superavit primário como proporção do PIB com vistas à estabilização do endividamento do setor público era tida como condição necessária para impedir a monetização da dívida pública a longo prazo, consolidando, assim, o controle do processo inflacionário. Analogamente, o regime de câmbio flutuante era tido como indispensável à estabilidade de preços à medida que confere ao Banco Central o grau de autonomia necessário para conduzir a política monetária com vistas ao atendimento de objetivos domésticos, ao invés de ser pautada pela situação do balanço de pagamentos.

Na Tabela 1, apresentamos os objetivos, metas e instrumentos das políticas que compõem o "tripé macroeconômico". Podemos observar nela a preponderância do objetivo "estabilidade de preços" e uma despreocupação com a estabilização do nível de atividade econômica e/ou com o crescimento de longo prazo. Com efeito, a política monetária está orientada para a estabilização da taxa de inflação a curto prazo (no interior do ano-calendário) e obtenção de uma taxa de inflação baixa no médio e longo prazos. Para tanto, adota-se a sistemática de "metas declinantes de infla-

---
4 Esse regime de política macroeconômica substituiu o regime de âncora cambial prevalecente no Brasil entre 1995 e 1998.

ção" em conjunto com um prazo de convergência de apenas um ano para a meta de inflação de curto prazo. O único instrumento utilizado pela política monetária é a taxa de juros básica, ou seja, a taxa Selic. A política fiscal, por seu turno, tem por objetivo a estabilização/redução da dívida pública como proporção do PIB. Esse objetivo impôs a fixação de uma meta de superavit primário superior a 3,5% do PIB para o setor público como um todo. A ausência de uma regra formal de controle do ritmo de crescimento dos gastos de consumo e de custeio do governo fez com que, na prática, o instrumento utilizado para a obtenção da meta de superavit primário fosse o controle, quando não a redução, do investimento público. Por fim, a política cambial estava totalmente subordinada à política monetária, tendo por objetivo conferir a esta última os graus de liberdade necessários para a obtenção da meta de inflação de curto prazo. Não existia qualquer tipo de meta para a taxa nominal de câmbio e as intervenções do Banco Central no mercado cambial eram esporádicas.

Tabela 1 — Descrição dos componentes do "Tripé Macroeconômico"

Tipo de política	Objetivos	Metas operacionais	Instrumentos
Política monetária	Estabilidade da taxa de inflação a curto prazo. Inflação baixa a longo prazo	Metas declinantes de inflação	Taxa de juros de curto prazo
Política fiscal	Dívida pública como proporção do PIB baixa e estável no médio e longo prazos	Meta de superavit primário	Redução do investimento público
Política cambial	Autonomia da política monetária	Nenhuma	Livre flutuação da taxa nominal de câmbio

Fonte: Elaboração própria.

O resultado desse regime de política macroeconômica em termos de crescimento foi desapontador, para dizer o mínimo. Com efeito, o crescimento médio do PIB foi de apenas 2,65% a.a. no período 1999-2005; ao passo que, no período 1995-1998, o PIB cresceu a uma taxa média de 3,06% a.a. A redução do ritmo de crescimento explica-se, em larga medida, pela contração da taxa de investimento que se verificou durante o período de vigência do "tripé macroeconômico", o que levou a uma redução do crescimento potencial da economia. A formação bruta de capital fixo a preços constantes passa de 16,76% a.a., no período 1995-1998, para 14,76% a.a. no período 1999-2005. Cerca de 50% dessa queda da taxa de investimento é explicada pela redução do investimento público, induzida pela política de geração de expressivos superavits primários a partir de 1999. De fato, o investimento público como proporção do PIB passa de uma média de 3,62%, no período 1995-1998, para 2,7% no período 1999-2005; ou seja, uma redução de 0,91 p.p. com respeito ao PIB.

Tabela 2 — Performance comparada entre os regimes de política macroeconômica prevalecentes no Brasil (1995-2005)

Período	Taxa média de crescimento do PIB real	Taxa de investimento a preços constantes[1]	Investimento público como proporção do PIB
Âncora cambial (1995-1998)	3,06	16,76	3,62
Tripé macroeconômico (1999-2005)	2,65	14,76	2,7

Fonte: IPEADATA. Elaboração própria. Nota: (1) a preços de 2006.

Outro fator que explica o fraco desempenho em termos de crescimento econômico durante o período de vigência do tripé macroeconômico foi a manutenção de uma elevada taxa real de juros (Figura 1). Se a adoção de um regime de câmbio flutuante permitiu uma rápida redução da taxa real de juros, a sistemática de "metas declinantes de inflação", adotada pelo Conselho Monetário Nacional, em conjunto com o reduzido prazo de convergência da inflação para a meta de curto prazo, impediu que a taxa real de juros pudesse cair abaixo de 10% a.a. de forma permanente, ao menos até o final de 2005 (Oreiro e Passos, 2005, p. 164).

O regime de política macroeconômica começa a mudar após a substituição de Antonio Palocci por Guido Mantega no Ministério da Fazenda, em março de 2006. No período compreendido entre março de 2006 e setembro de 2008, tem início uma "flexibilização" do tripé macroeconômico por intermédio da redução do superavit primário como proporção do PIB, eliminação da sistemática de "metas declinantes de inflação" e acúmulo expressivo de reservas internacionais por parte do Banco Central. Com efeito, o superavit primário como proporção do PIB cai de 3,61% do PIB, na média do período 2003/01–2006/03, para 3,48% do PIB na média do período 2006/04–2008/09. Em 2006, a meta de inflação foi fixada em 4,5% a.a., mantendo-se constante a partir de então. Por fim, o Banco Central do Brasil passou a intervir pesadamente no mercado de câmbio por intermédio da compra de reservas internacionais, que aumentaram 127,8% no período compreendido entre janeiro de 2007 e setembro de 2008, substituindo o regime de "flutuação cambial" pelo regime de "câmbio administrado". Esse regime de política macroeconômica pode ser denominado de "tripé flexibilizado".

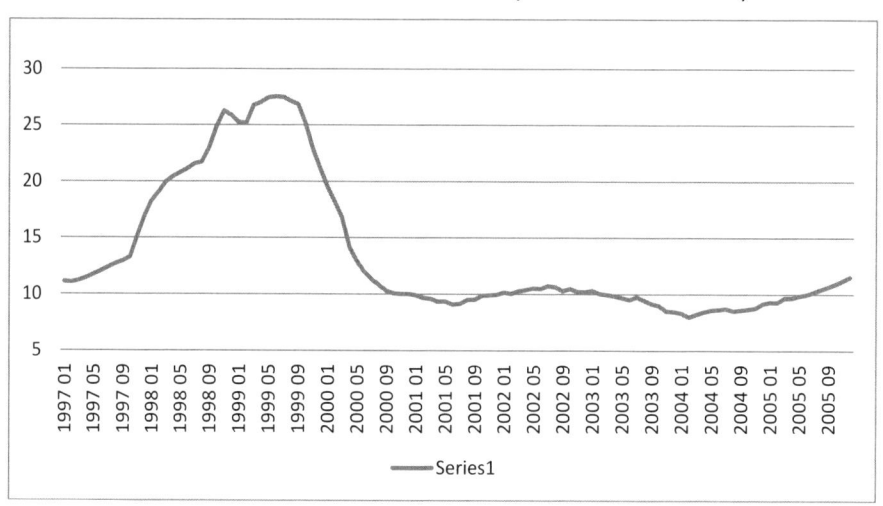

Figura 1 — Taxa real de juros (% a.a.), Selic deflacionada pela variação do IPCA, média móvel dos últimos 12 meses (Jan. 1997–Dez. 2005)

Fonte: Elaboração própria a partir de dados do IPEADATA.

Outro elemento importante na flexibilização do "tripé macroeconômico" foi a política salarial, mais especificamente a política de reajuste do salário mínimo. Entre janeiro de 1999 e fevereiro de 2006, o salário mínimo teve um aumento de 30,87% em termos reais, ou seja, um aumento médio real de 4,44% a.a. no período em consideração. No período compreendido entre março de 2006 e fevereiro de 2008, contudo, o salário mínimo teve um aumento de 16,82% em termos reais, isto é, um aumento real médio de 8,4% a.a., quase o dobro do valor observado no período anterior. A elevação do valor real do salário mínimo a uma taxa superior ao aumento da produtividade média do trabalho da economia brasileira é institucionalizada a partir de 2007, quando o presidente Lula negocia com as centrais sindicais uma fórmula de reajuste salarial segundo a qual a taxa de variação do salário mínimo no ano t seria igual à taxa de inflação observada no ano t-1 acrescida da taxa de variação do PIB ocorrida no ano t-2.

Esses elementos nos permitem concluir que o regime macroeconômico do "tripé flexibilizado" tinha por objetivo não apenas a estabilidade do nível de preços, como também a indução de um ritmo mais acelerado de crescimento econômico, a estabilidade da taxa real de câmbio e o crescimento forte dos salários reais. A aceleração do crescimento econômico seria resultado da elevação do investimento público, viabilizada pela redução da meta de superavit primário, do aumento do consumo induzido pela forte elevação do salário real e da redução da taxa real de juros, permitida pela extinção da sistemática de "metas declinantes de inflação". A estabilidade da taxa real de câmbio seria obtida por intermédio das operações de compra de reservas internacionais, as quais seriam responsáveis pela absorção dos enormes fluxos de entrada de capitais que a economia brasileira começou a observar a partir de meados da década de 2000. Por fim, o crescimento forte dos salários reais seria consequência da política salarial adotada pelo governo, uma vez que a estrutura de salários relativos na economia brasileira é fortemente atrelada ao comportamento do salário mínimo.

Os objetivos, as metas e os instrumentos do tripé flexibilizado podem ser visualizados na Tabela 3.

Tabela 3 — Descrição dos componentes do "Tripé Flexibilizado"

Tipo de política	Objetivos	Metas operacionais	Instrumentos
Política monetária	Estabilidade da taxa de inflação tanto no curto prazo como no longo prazo	Metas constantes de inflação	Taxa de juros de curto prazo

(continua)

(continuação)

Política fiscal	Dívida pública como proporção do PIB estável no médio e longo prazo	Redução da meta de superavit primário	Aumento da carga tributária
	Aumento do investimento público		Aumento das despesas primárias como proporção do PIB
			Estabilidade do superavit primário como proporção do PIB
Política salarial	Elevação do salário real	Não definida	Reajuste do salário mínimo pela inflação de t-1 e pelo crescimento do PIB real de t-2
	Aumento da participação dos salários na renda		
Política cambial	Autonomia da política monetária	Nenhuma	Compra de reservas internacionais em larga escala
	Estabilidade da taxa real de câmbio		

Fonte: Elaboração própria.

A performance do "tripé flexibilizado" em termos de crescimento econômico foi indiscutivelmente superior à performance do regime anterior. Com efeito, a taxa média de crescimento do PIB real acelera-se para 5,07% a.a. no período 2006–2008, contra uma média de 2,65% a.a. no período 1999–2005. Essa aceleração do crescimento do produto real é acompanhada por uma forte elevação da taxa de investimento, que passa de 14,76% a.a., no período 1999–2005, para 16,05% a.a. na média do período 2006-2008. O investimento público aumenta para 3,2% do PIB na média do período 2006-2008, contra um valor médio de 2,7% no período 1999-2005.

Tabela 4 — Performance comparada entre os regimes de política macroeconômica prevalecentes no Brasil (1999-2008)

Período	Taxa média de crescimento do PIB real	Taxa de investimento a preços constantes[1]	Investimento público como proporção do PIB
Tripé macroeconômico (1999-2005)	2,65	14,76	2,7
Tripé flexibilizado (2006-2008)	5,07	16,05	3,2

Fonte: IPEADATA. Elaboração própria. Nota: (1) a preços de 2006.

O "tripé flexibilizado" não foi, contudo, capaz de deter a tendência à apreciação da taxa real de câmbio, verificada a partir de março de 2005 (ver Figura 2). Com efeito, a taxa real de câmbio efetiva reduz-se de 112,61 em março de 2005 para 83,28 em agosto de 2008, às vésperas da falência do *Lehman Brothers*. No mesmo período, as reservas internacionais à disposição da economia brasileira passaram de US$61,95 bilhões para US$205,11 bilhões, ou seja, um aumento de 231% no período em consideração.

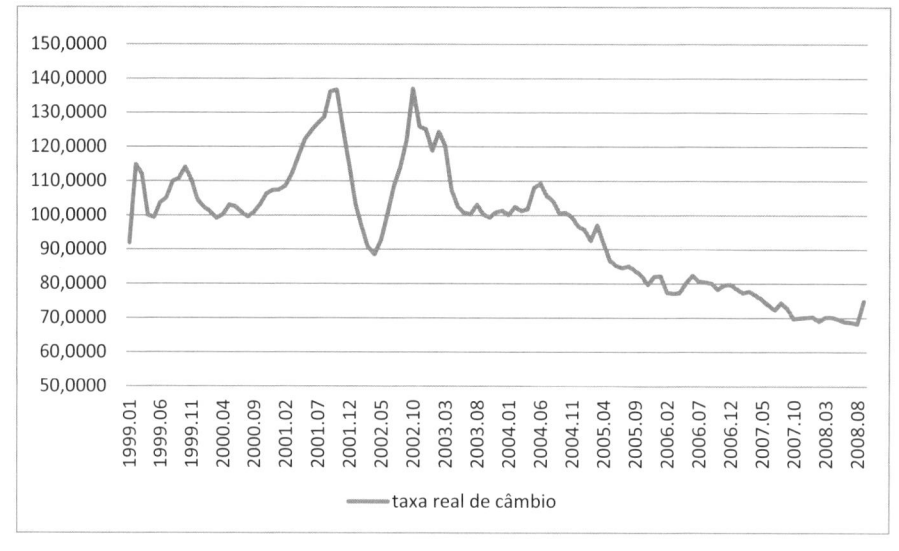

Figura 2 — Taxa real efetiva de câmbio (1999.01-2008.09)

Fonte: Elaboração própria a partir de dados do IPEADATA. Série taxa real efetiva de câmbio, INPC Exportações.

A combinação entre aceleração do crescimento econômico e apreciação da taxa real de câmbio resultou numa forte deterioração do saldo em conta corrente do balanço de pagamentos, o qual passou de um superavit de 1,4% do PIB no primeiro trimestre de 2006 para um deficit de 1,56% do PIB no terceiro trimestre de 2008; ou seja, uma variação de quase três pontos percentuais com relação ao PIB num espaço de pouco mais de dois anos.

A apreciação da taxa real de câmbio teve um papel importante para a redução da taxa de inflação observada no período 2006–2008 com respeito ao período 1999–2005, conforme podemos verificar na Figura 3. Enquanto a taxa anual de variação do IPCA foi de 8,24% a.a. durante o período do "tripé macroeconômico"; no período do "tripé flexibilizado", a mesma taxa se reduz em quase 50%, ficando em 4,50% a.a. Essa forte desaceleração da taxa de inflação durante o período do "tripé flexibilizado" é explicada fundamentalmente pelo resultado do ano 2006, quando o IPCA registrou uma variação de 3,14%, a menor taxa já registrada após a implantação do regime de metas de inflação em 1999. É interessante observar, na Figura 3, que o movimento de redução da taxa de inflação coincide no tempo com a apreciação da taxa real de câmbio, notadamente entre março de 2005 e maio de 2007.

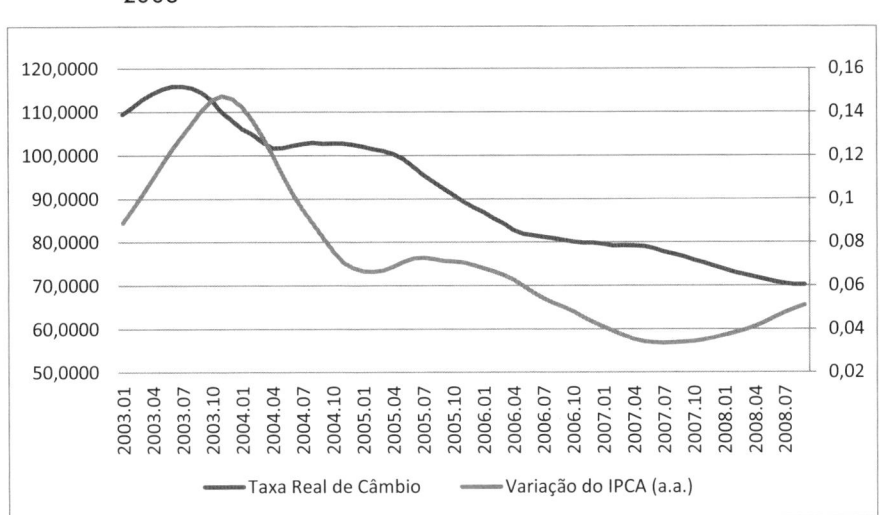

Figura 3 — Taxa real de câmbio e variação do IPCA (% a.a.) — Jan. 2003-Set. 2008

Fonte: Elaboração própria com dados do IPEADATA. Nota: (i) A taxa real de câmbio é medida no eixo do lado esquerdo, ao passo que a variação do IPCA é medida no eixo do lado direito; (ii) Ambas as séries são calculadas com base na média móvel dos últimos 12 meses.

Os efeitos combinados da apreciação da taxa real de câmbio, redução correspondente da taxa de inflação e extinção da sistemática de metas declinantes de inflação permitiram uma redução significativa da taxa real de juros no período 2006–2008 relativamente ao período 2003–2005 (Figura 4).

Figura 4 — Evolução da taxa Selic over real (Jan. 2003–Set. 2008)

Fonte: Elaboração própria com base nos dados do IPEADATA. Nota: A série é construída a partir da média móvel dos últimos 12 meses da taxa Selic over anualizada e da variação do IPCA (% a.a.).

Apesar da aceleração do crescimento verificada no período de vigência do "tripé flexibilizado", a permanência da taxa real de juros em patamares elevados na comparação internacional terminou por gerar uma forte apreciação da taxa real de câmbio, a qual, por um lado, mostrou-se funcional para o controle da taxa de inflação; mas, por outro, contribuiu para uma forte deterioração da conta de transações correntes do balanço de pagamentos.

Nesse contexto, pode-se constatar que os objetivos de aceleração do crescimento, controle da taxa de inflação e estabilidade da taxa real de câmbio mostraram-se, na prática, inconsistentes entre si, levando os formuladores de política econômica a sacrificar o objetivo da estabilidade da taxa real de câmbio em prol da aceleração do crescimento e do controle da taxa de inflação.

Essa inconsistência entre os objetivos do regime de política macroeconômica decorre, em parte, da *falta de coordenação* entre as políticas monetária, fiscal, salarial e cambial. Por exemplo, a política salarial produziu, nesse período, uma elevação real do salário mínimo a taxas sistematicamente superiores a qualquer estimativa razoável de crescimento da produtividade do trabalho, o que atuou no sentido de produzir pressões inflacionárias do lado dos custos de produção, dificultando, assim, a tarefa de controle da inflação por parte da política monetária. Isso porque, à medida que a estrutura de salários relativos da economia brasileira está ancorada, de forma mais ou menos direta, na dinâmica do salário mínimo, o crescimento real do salário mínimo a taxas superiores ao crescimento da produtividade do trabalho induz comportamento similar por parte de todos os estratos salariais, gerando, assim, uma tendência à elevação do custo unitário do trabalho[5].

A maior falta de coordenação deu-se, no entanto, entre a política fiscal e a monetária. Com efeito, as despesas primárias do governo central passaram de 15,37% do PIB, na média do período 1999–2005, para 16,83% do PIB, na média do período 2006–2008. Em função da relativa estabilidade do superavit primário como proporção do PIB no período 2003–2008, segue-se que o aumento das despesas primárias foi fundamentalmente financiado com aumento de carga tributária, gerando, assim, um impacto sobre a demanda agregada equivalente ao aumento observado das despesas primárias como proporção do PIB[6].

Em outras palavras, o "tripé flexibilizado" promoveu uma política fiscal expansionista num contexto de "inflação de custos" por parte da forte

---

5 Entre 2006 e 2008, o custo unitário do trabalho, segundo dados do Banco Central do Brasil, aumentou 21,21% em termos reais.

6 Conforme o resultado tradicional do assim chamado *multiplicador de Haavelmo*, segundo o qual o efeito multiplicador de um aumento simultâneo dos gastos do governo e dos impostos é igual a um (Haavelmo, 1945).

elevação do salário real, dificultando, assim, o controle da inflação por parte da política monetária, o que contribuiu para a manutenção da taxa real de juros em patamares elevados na comparação internacional e, dessa forma, para a tendência à apreciação da taxa real de câmbio[7].

A crise financeira internacional de 2008 e o "desenvolvimentismo inconsistente" (2008-2011).

A crise financeira de 2008, ocorrida após a falência do *Lehman Brothers* no dia 15 de setembro daquele ano, levou a um aprofundamento do processo de flexibilização do "tripé macroeconômico", estabelecendo as bases de um novo regime de política macroeconômica no Brasil. Com efeito, a queda de quase 30% da produção industrial e de 14% do PIB ocorridas no último trimestre de 2008 (Oreiro e Araújo, 2012) levaram a uma forte expansão fiscal seguida[8], após certo intervalo de tempo, por uma redução bastante significativa da taxa básica de juros da economia brasileira. Simultaneamente, os bancos públicos (Banco do Brasil e Caixa Econômica Federal) aumentaram de maneira bastante significativa as suas linhas de crédito com o intuito de resolver o problema de "evaporação de crédito," surgido após o colapso dos mercados financeiros internacionais em setembro de 2008. O efeito combinado da expansão fiscal, expansão monetária e creditícia permitiram que a economia brasileira se recuperasse rapidamente da crise de 2008, exibindo uma taxa de crescimento de 7,53% do PIB real em 2010.

O sucesso inegável das políticas anticíclicas no Brasil permitiu uma mudança no discurso econômico do governo, com o abandono progressivo da retórica do "tripé macroeconômico" e sua substituição por um discurso

---

7 Este ponto será retomado na seção "O regime de metas de inflação e a condução da política monetária no Brasil: Por que a taxa real de juros no Brasil é tão alta?".

8 Conforme dados do Tesouro Nacional, entre 2008 e 2009, os gastos primários do governo federal aumentaram R$74,28 bilhões, ou seja, um acréscimo de 14,91% em termos nominais.

dito "novo-desenvolvimentista". Com efeito, na campanha presidencial de 2010, a candidata do governo, Dilma Rousseff, assumiu explicitamente o discurso "novo-desenvolvimentista", afirmando que a política econômica de seu governo seria pautada pelos princípios básicos desse discurso (O Estado de São Paulo, 27/12/2009).

O novo-desenvolvimentismo, conceito criado no Brasil a partir dos trabalhos de Bresser-Pereira (2006, 2007, 2009), é definido como um conjunto de propostas de reformas institucionais e de políticas econômicas por meio das quais as nações de desenvolvimento médio buscam alcançar o nível de renda per capita dos países desenvolvidos. Essa estratégia de "alcançamento" baseia-se explicitamente na adoção de um regime de crescimento do tipo *export-led*, no qual a promoção de exportações de produtos manufaturados induz a aceleração do ritmo de acumulação de capital e de introdução de progresso tecnológico na economia.

A implantação dessa estratégia requer a adoção de uma *política cambial ativa*, que mantenha a taxa real de câmbio num nível competitivo no médio e longo prazos, combinada com uma *política fiscal responsável* que elimine o deficit público ao mesmo tempo em que permite o aumento sustentável do investimento público. A manutenção da taxa real de câmbio num patamar competitivo no médio e longo prazos exige não só a adoção de uma política cambial ativa, como também uma política salarial que promova a moderação salarial ao vincular o aumento dos salários reais ao crescimento da produtividade do trabalho, garantindo, assim, a estabilidade da distribuição funcional da renda no longo prazo.

A combinação entre política fiscal responsável e moderação salarial se encarregaria de manter a inflação a um nível baixo e estável, permitindo, assim, que a política monetária seja utilizada para a estabilização do nível de atividade econômica ao mesmo tempo em que viabiliza uma redução forte e permanente da taxa real de juros.

No "modelo novo-desenvolvimentista", portanto, o crescimento econômico é "puxado" pelas exportações e sustentado pelo investimento privado e público na expansão da capacidade produtiva e na infraestrutura básica. O deficit público não desempenha nenhum papel relevante na indução e/ou sustentação do crescimento. Por fim, a estabilidade da distribuição funcional da renda assegura que os gastos de consumo crescerão a um ritmo aproximadamente igual ao PIB real no médio e longo prazos, garantindo, assim, a sustentação do ritmo de crescimento pelo lado da demanda doméstica[9].

Apesar da retórica oficial do governo, o regime de política macroeconômica adotado pós-2008 tem muito pouco a ver com o modelo "novo-desenvolvimentista". Isso porque, em primeiro lugar, o novo regime de política macroeconômica permitiu um aumento considerável dos gastos primários do governo federal como proporção do PIB, conforme podemos visualizar na Figura 5. Embora o superavit primário tenha se mantido num patamar suficiente para garantir uma modesta redução da relação dívida pública/PIB, a forte expansão dos gastos primários do governo sinalizou a realização de uma política fiscal eminentemente expansionista no período 2008–2010.

---

9   Uma exposição sistemática das ideias novo-desenvolvimentistas pode ser obtida em Bresser-Pereira, Oreiro e Marconi (2015).

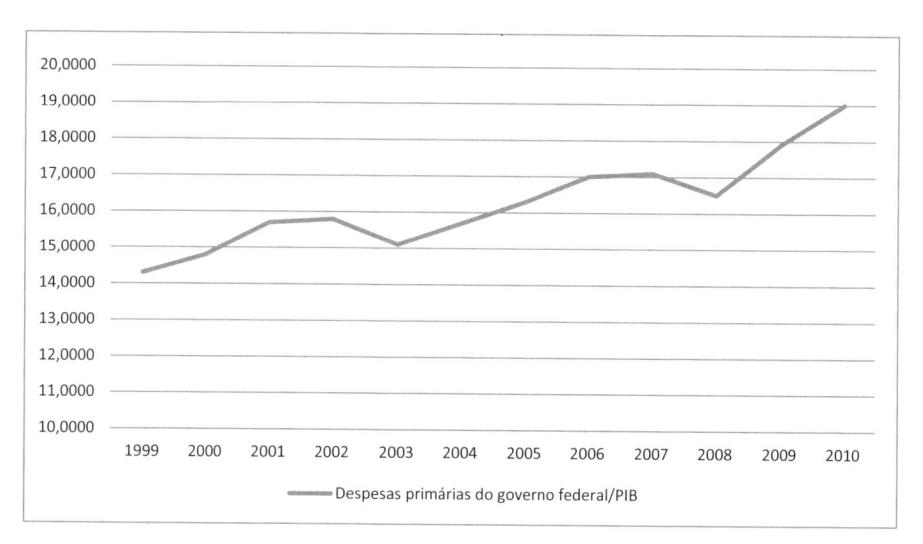

Figura 5 — Evolução das despesas primárias do governo federal/PIB (1999-2010)

[Gráfico: Despesas primárias do governo federal/PIB, valores aproximados — 1999: 14,3; 2000: 14,9; 2001: 15,7; 2002: 15,8; 2003: 15,0; 2004: 15,8; 2005: 16,5; 2006: 16,9; 2007: 17,0; 2008: 16,4; 2009: 17,9; 2010: 18,9]

Fonte: Tesouro Nacional. Elaboração própria.

A evolução das despesas primárias no período posterior à crise de 2008 reflete uma escolha a respeito do regime de crescimento desejado para a economia brasileira. Com efeito, os dados da economia brasileira parecem apontar para um crescimento puxado pelo aumento dos gastos do governo no período 2008–2010.

Em segundo lugar, no que se refere à dinâmica da taxa real de câmbio, verifica-se, no período compreendido entre setembro de 2008 e abril de 2011, uma forte valorização da taxa real efetiva de câmbio, justamente o oposto defendido pelo "novo-desenvolvimentismo", conforme podemos visualizar por intermédio da Figura 6.

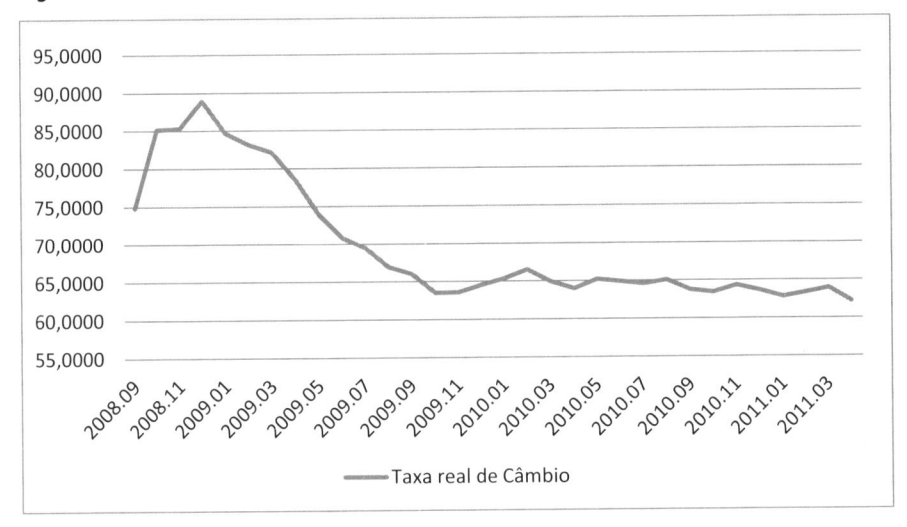

Figura 6 — Taxa real efetiva de câmbio (2008.09-2011.04)

Fonte: IPEADATA. Elaboração própria.

O governo tentou impedir essa valorização da taxa real de câmbio por intermédio da continuidade da política de acumulação de reservas internacionais, bem como pela progressiva introdução de *controles à entrada de capitais* na economia brasileira. Embora essas políticas tenham se mostrado eficazes no sentido de deter o processo de valorização da taxa real de câmbio entre outubro de 2009 e janeiro de 2011, elas não só não foram capazes de restaurar o nível de taxa real efetiva de câmbio prevalecente antes da crise de 2008, como também não conseguiram evitar o recrudescimento do processo de valorização da taxa real de câmbio no início de 2011.

A política de crescimento do valor real do salário mínimo tem continuidade no período posterior à crise financeira de 2008, em função da institucionalização da regra de reajuste do salário mínimo, ocorrida em 2007. Essa regra de reajuste do salário mínimo permitiu um forte crescimento do salário mínimo em termos reais, conforme podemos verificar na Tabela 5.

Tabela 5 — Evolução do salário mínimo (2009–2011)

Reajuste	Salário anterior	Salário reajustado	Percentual de reajuste	Aumento real[10]
02/2009	R$ 415,00	R$ 465,00	12,05%	5,79%
01/2010	R$ 465,00	R$ 510,00	9,68%	6,02%
03/2011	R$ 510,00	R$ 545,00	6,86%	0,37%

Fonte: Ministério do Trabalho. Elaboração própria.

Um dos efeitos colaterais da continuidade da tendência à apreciação da taxa real de câmbio no pós-crise de 2008 foi uma desaceleração do ritmo de crescimento da formação bruta de capital fixo (FBKF). Com efeito, conforme podemos visualizar na Tabela 6, no período compreendido entre o segundo trimestre de 2006 e o terceiro trimestre de 2008, a formação bruta de capital fixo apresentou uma taxa de crescimento de 5,31% por trimestre (uma taxa anualizada de 23%); no período compreendido entre o quarto trimestre de 2008 e o segundo trimestre de 2011, a taxa de crescimento trimestral da formação bruta de capital fixo reduziu-se para 0,46%, ou seja, uma taxa anualizada de apenas 1,18%. Parte dessa desaceleração do ritmo de crescimento do investimento deve-se, é claro, à queda da formação bruta de capital fixo ocorrida no Brasil em função dos efeitos da crise de 2008. Contudo, considerando o período compreendido entre o último trimestre de 2009, que marca o processo de retomada do crescimento da formação bruta de capital pós-crise de 2008; e o segundo trimestre de 2011, verifica-se que a taxa trimestral de crescimento da formação de capital fixo foi de 4,52%, ou seja, uma taxa anualizada de

---

10   Considerando a variação acumulada do IPC nos 12 meses anteriores ao reajuste.

19,38%, uma queda de quase quatro pontos percentuais com relação ao período 2006–2008.

Tabela 6 — Dinâmica da formação bruta de capital fixo (2006/T2–2011/T2).

Período	Taxa trimestral de crescimento da FBKF	Taxa anualizada de crescimento da FBKF
2006/T2–2008/T3	5,31%	23,0%
2008/T4–2011/T2	0,46%	1,18%
2009/T4–2011/T2	4,52%	19,38%

Fonte: IPEADATA. Dados deflacionados pelo IPCA. Taxas calculadas a partir da média móvel da FBKF dos últimos 12 meses. Elaboração própria.

A combinação entre política monetária expansionista (até o início de 2010) e política fiscal expansionista, num contexto de desaceleração da taxa de crescimento da formação bruta de capital fixo, gerou uma tendência à aceleração da taxa de inflação, que passou de 4,15% a.a., no acumulado de 12 meses, em outubro de 2009, para 6,73% a.a., no acumulado de 12 meses, em junho de 2011 (Figura 7). Com a aceleração da inflação a partir do final de 2009, o Banco Central do Brasil iniciou um ciclo de ajuste da taxa Selic, permitindo, assim, uma elevação da taxa real de juros para um patamar de 5% a.a., ao longo do ano de 2010.

A taxa básica de juros deixou de ser o único instrumento de política monetária, passando a ser usada em conjunto com "medidas macroprudenciais", como, por exemplo, os depósitos compulsórios e as exigências de capital próprio dos bancos. Na prática, essas medidas tiveram reduzida eficácia sobre a escalada do processo inflacionário, obrigando o BCB a reiniciar o ciclo de elevação da taxa básica de juros. O prazo de convergência da inflação para a meta de 4,5% a.a., contudo, foi novamente estendido, desta vez, para o final de 2012, sinalizando, assim, uma "flexibilização" do regime de metas de inflação, a qual sinaliza a substituição, na prática, do regime de "metas de inflação" por um regime de "mandato duplo" para a autoridade monetária.

Figura 7 — Selic over real (% a.a.) e variação do IPCA (% a.a.) — Set. 2008–Jun. 2011

Fonte: IPEADATA. Elaboração própria.

Com base nesse razoado, podemos apresentar os objetivos, metas e instrumentos do regime de política macroeconômica surgidos após a crise financeira de 2008. Por razões que apresentaremos a seguir, esse regime será denominado de "desenvolvimentismo inconsistente".

Tabela 7 — Descrição dos componentes do "Desenvolvimentismo Inconsistente"

Tipo de política	Objetivos	Metas operacionais	Instrumentos
Política monetária	Estabilidade da taxa de inflação no longo prazo Crescimento robusto (sustentável?) do produto real	Metas constantes de inflação, mas como alongamento do prazo de convergência	Taxa de juros de curto prazo Medidas macroprudenciais
Política fiscal	Dívida pública como proporção do PIB estável no médio e longo prazos Aumento do investimento público Aumento da demanda agregada doméstica	Meta de superavit primário em torno de 3% do PIB	Aumento da carga tributária Aumento das despesas primárias como proporção do PIB Redução do superavit primário como proporção do PIB
Política salarial	Elevação do salário real Aumento da participação dos salários na renda nacional	Não definida	Reajuste do salário mínimo pela inflação de t-1 e pelo crescimento do PIB real de t-2
Política cambial	Autonomia da política monetária e estabilidade da taxa real de câmbio	Nenhuma	Compra de reservas internacionais em larga escala Controles à entrada de capitais

Fonte: Elaboração própria.

Com base na Tabela 7, podemos constatar que o regime de política macroeconômica pós-crise de 2008 tinha por objetivos: (a) manter a estabilidade da taxa real de câmbio, aumentar a participação dos salários na renda nacional; (b) garantir a estabilidade da taxa de inflação no longo prazo; (c) induzir um crescimento robusto do produto real e (d) viabilizar um forte aumento da demanda agregada doméstica por intermédio de um crescimento acelerado dos gastos primários do governo. Esses objetivos, contudo, não são mutuamente consistentes, ou seja, não podem ser obtidos simultaneamente. Com efeito, a expansão fiscal e o aumento da participação dos salários na renda são incompatíveis com os objetivos de estabilidade da taxa real de câmbio e estabilidade da taxa de inflação. Isso porque a forte expansão da demanda agregada doméstica num contexto de elevação do custo unitário do trabalho e crescimento acelerado do produto real resultam na aceleração da taxa de inflação, caso o governo decida impedir a valorização da taxa real de câmbio resultante dessa combinação de políticas. Por outro lado, se a decisão do governo for manter a inflação estável e dentro das metas definidas pelo Conselho Monetário Nacional, as taxas de juros nominal e real deverão ser mantidas em patamares elevados, induzindo, assim, uma forte entrada de capitais externos, o que termina por produzir a continuidade da apreciação da taxa real de câmbio.

Dessa forma, o regime de política macroeconômica do período 2008–2011 mostrou-se incompatível com a obtenção simultânea de uma taxa real de câmbio competitiva e uma taxa de inflação baixa e estável, razão pela qual ele não pode ser considerado como uma aplicação do "novo-desenvolvimentismo". Como o regime de política macroeconômica desse período é inconsistente no sentido de Timbergen, vamos denominá-lo "desenvolvimentismo inconsistente".

Do "desenvolvimentismo inconsistente" ao fracasso da "nova matriz macroeconômica" (2012-2014)

O regime de crescimento adotado pelo Brasil a partir da crise financeira internacional de 2008 baseia-se na ideia do *desarollo hacia dentro*, também conhecido como regime *wage-led*[11]. Trata-se de um modelo no qual as políticas de redistribuição de renda e de aumento real do salário mínimo, em conjunto com uma forte expansão do crédito bancário, deveriam estimular um vigoroso crescimento dos gastos de consumo, o que levaria os empresários a aumentarem os gastos de investimento, permitindo, assim, um aumento simultâneo da capacidade produtiva e da produtividade do trabalho. Nesse caso, seria possível obter um elevado crescimento do PIB e dos salários reais ao mesmo tempo em que a inflação seria mantida sob controle.

Esse regime de crescimento resultou, conforme argumentamos no final da seção anterior, num *dilema de política econômica*, qual seja, um *trade-off* entre competitividade externa e estabilidade da taxa de inflação, de tal maneira que o referido regime deve ser, na verdade, chamado de "desenvolvimentismo inconsistente".

Com efeito, o forte crescimento da demanda doméstica no período 2007–2012 levou o desemprego a níveis historicamente baixos, fazendo com que os salários reais crescessem acima da produtividade do trabalho, exacerbando a perda de competitividade decorrente da apreciação cambial acumulada desde 2005, ao mesmo tempo em que alimentava as pressões inflacionárias latentes na economia brasileira. O resultado disso foi um aumento significativo do custo unitário do trabalho, principalmente na indústria de transformação, conforme podemos observar na Tabela 8.

Tabela 8 — Evolução do custo unitário do trabalho por setor de atividade

---

[11] Esse regime de crescimento é denominado de *social-desenvolvimentismo* em contraposição ao *novo-desenvolvimentismo*. Sobre as diferenças entre os dois ramos do *desenvolvimentismo*, ver Oreiro (2015).

produtiva e por intensidade tecnológica (2000-2009)

		2000	2001	2002	2003	2004	2005	2006	2007	2008	2009
AGRO		100	77,25	65,29	61,92	71,28	103,84	112,99	108,51	105,87	108,10
Indústria		**100**	**88,82**	**80,60**	**79,86**	**78,12**	**104,69**	**114,99**	**130,96**	**142,71**	**147,51**
IE	Extrativa	100	102,90	89,52	93,56	95,29	95,39	96,12	129,18	112,43	200,18
Transformação		**100**	**87,02**	**80,43**	**79,93**	**77,93**	**106,72**	**117,39**	**134,08**	**144,93**	**142,60**
IAIT	Alta	100	94,74	90,72	94,40	93,73	114,93	125,86	144,34	145,57	140,19
IMAIT	Média-Alta	100	92,11	86,94	90,44	79,66	115,85	117,09	131,44	134,51	137,64
IMBIT	Média-Baixa	100	84,57	75,21	64,34	64,43	84,92	106,32	117,32	145,62	123,94
IBIT	Baixa	100	83,05	75,96	76,20	79,06	106,59	119,32	139,15	149,16	153,47
SIUP	SIUP	100	90,66	74,98	63,77	57,40	75,13	85,45	91,67	109,30	114,37
CC	Construção	100	91,66	80,69	83,23	83,52	110,72	123,85	136,08	159,83	188,83
Serviços		**100**	**86,42**	**79,29**	**78,48**	**82,73**	**101,41**	**116,68**	**123,33**	**129,75**	**130,21**
SAIC	Alta	100	85,89	75,60	74,94	80,97	97,13	113,53	118,27	126,76	124,45
SMIC	Média	100	84,78	76,68	76,42	81,42	100,11	116,90	127,23	136,97	140,78
SBIC	Baixa	100	87,68	84,48	83,36	85,31	107,12	120,56	128,57	132,08	135,07
Total		**100**	**86,56**	**78,90**	**77,89**	**80,96**	**102,35**	**116,16**	**124,43**	**131,58**	**133,36**

Nota: SCN Novo, 2000=100 (Em US$)

Fonte: Elaboração própria.

A reversão da perda de competitividade externa decorrente do aumento significativo do custo unitário do trabalho exigiria uma grande desvalorização cambial, o que causaria uma forte elevação da taxa de inflação, já pressionada pelo crescimento dos salários acima da produtividade do trabalho, a não ser que seu efeito fosse contrabalançado por uma política fiscal mais apertada. O problema é que, desde 2008, a política fiscal brasileira foi expansionista — além de ter um viés em consumo e custeio, em vez de investimento —, tornando impossível um ajuste não inflacionário da taxa real de câmbio.

O dilema entre competitividade externa e inflação estável, herdado do segundo mandato do presidente Lula, foi administrado pelo governo Dilma Rousseff com base numa espécie de "solução de compromisso".

Nos momentos nos quais a pressão inflacionária se tornasse menos intensa devido a choques externos favoráveis, deveria se aproveitar o espaço para desvalorizar o câmbio nominal de maneira a atenuar a perda de competitividade externa. Essa janela de oportunidade surgiu no segundo semestre de 2011 com o recrudescimento da crise financeira mundial em função dos efeitos da turbulência nos mercados de dívida soberana na área do Euro. Foi nesse momento que a assim chamada "nova matriz macroeconômica" foi implantada, com o início de um longo ciclo de redução da taxa básica de juros pelo Banco Central do Brasil e a desvalorização gradual da taxa nominal de câmbio; contudo, se e quando a pressão inflacionária voltasse a recrudescer — algo que, de fato, ocorreu no início de 2013 —, a recomposição da competitividade externa da economia brasileira deveria ser interrompida e/ou parcialmente revertida e o ciclo de elevação da taxa de juros deveria ser iniciado, de forma a garantir a estabilização dos patamares inflacionários. Nesse contexto, a política macroeconômica do governo Dilma Rousseff tornou-se, por assim dizer, uma "biruta de aeroporto", condenando ao fracasso a "nova matriz macroeconômica", na medida em que não conseguiu eliminar a sobrevalorização cambial existente na economia brasileira nem reduzir, de forma permanente, o patamar da taxa de juros.

Com efeito, no final do ano de 2012, o secretário de política econômica do Ministério da Fazenda, Márcio Holland, afirmara que o governo brasileiro havia adotado uma "nova matriz macroeconômica" caracterizada pela combinação entre juros baixos, câmbio competitivo e política fiscal "amigável" ao investimento público (Valor Econômico, 17/12/2012). Essa nova matriz macroeconômica deveria levar a um aumento considerável do ritmo de crescimento do investimento ao longo do ano de 2013, de maneira a permitir a aceleração do crescimento da economia brasileira.

Essas expectativas, contudo, não se concretizaram. Embora a economia brasileira tenha, de fato, acelerado o seu crescimento com respeito ao ano de 2012 (2,49% em 2013 contra 1,03% em 2012), ocorreu uma forte desaceleração do ritmo de crescimento do PIB real (média do crescimento dos últimos 5 anos) durante o governo da presidente Dilma Rousseff, conforme podemos verificar na Figura 8.

Figura 8 — Crescimento do PIB real, média móvel últimos cinco anos (2003–2013)

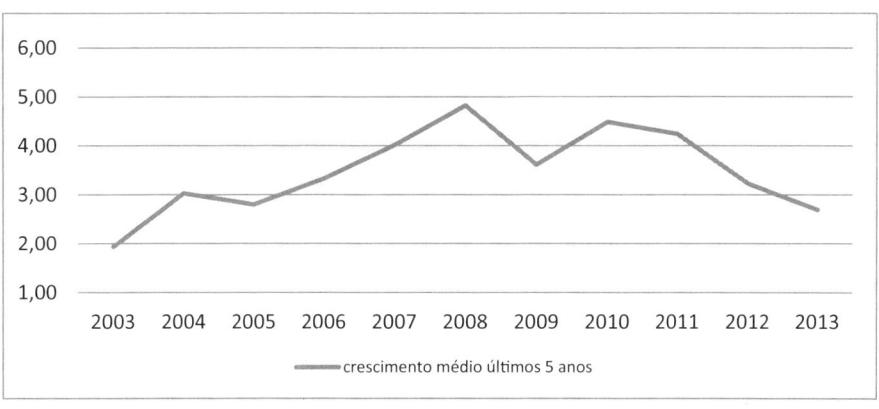

Fonte: Elaboração própria a partir dos dados do IPEADATA.

Apesar da desaceleração do ritmo de crescimento, o Banco Central do Brasil iniciou, a partir de meados de 2013, um novo ciclo de elevação da taxa de juros, fazendo com que a taxa Selic superasse o nível prevalecente no início do governo Dilma Rousseff (10,75% a.a.). Por fim, a desvalorização da taxa nominal de câmbio ocorrida nesse período não foi capaz de recuperar a competitividade da indústria brasileira, cuja produção física encontra-se estagnada desde o final de 2010 (ver Figura 9).

Figura 9 — Produção física da indústria de transformação, média móvel últimos 12 meses (Jan. 2003–Dez. 2014)

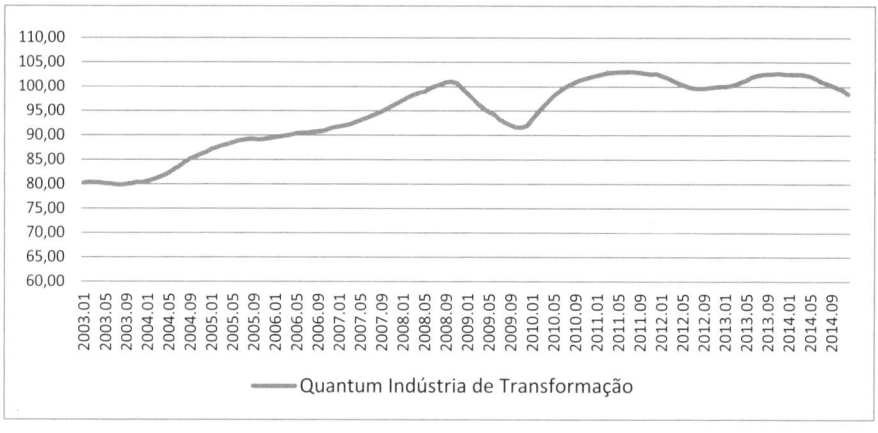

Fonte: IPEADATA. Elaboração própria.

Por que as expectativas com a "nova matriz" não se concretizaram? Embora a implantação da "nova matriz macroeconômica" tenha permitido uma desvalorização bastante significativa da taxa *nominal* de câmbio, ela não foi suficientemente grande para eliminar os efeitos sobre a competitividade da indústria de transformação da combinação entre sobrevalorização da taxa *real* de câmbio e aumento real dos salários acima do ritmo de crescimento da produtividade do trabalho. Conforme podemos verificar na Figura 10, ao longo dos últimos 10 anos, a relação câmbio efetivo/salário sofreu um processo de forte redução, que foi estancado, mas não revertido, durante o governo da presidente Dilma Rousseff.

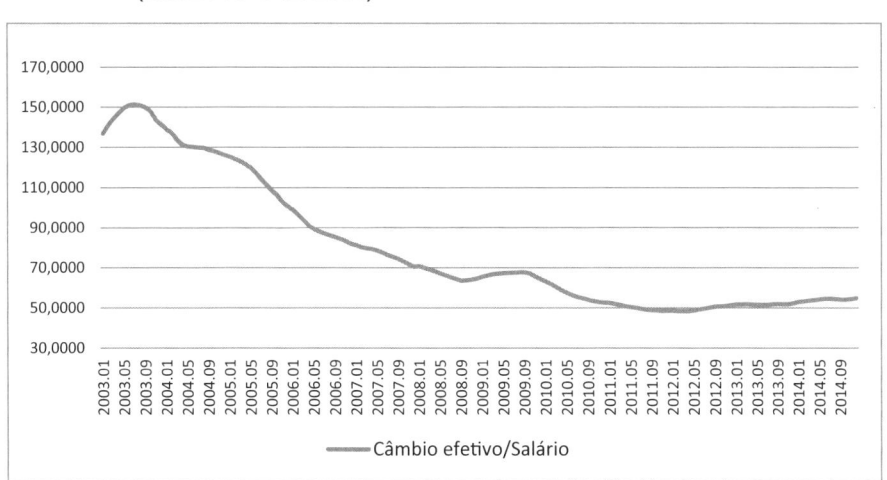

Figura 10 — Relação câmbio efetivo/salário, média móvel dos últimos 12 meses (Jan. 2003–Dez. 2014)

Fonte: IPEADATA. Elaboração própria.

Outra razão do fracasso foi o *caráter transitório* da redução da taxa de juros promovida pelo Banco Central do Brasil no período 2012–2013. Na Figura 11, podemos observar que a média móvel dos últimos 12 meses da taxa Selic over real começa a se reduzir a partir de fevereiro de 2012, de um patamar de 4,83% para 1,73% a.a. em fevereiro de 2014. A manutenção da inflação num patamar em torno de 6% a.a., muito acima do centro da meta de inflação de 4,5% a.a. fixado pelo Conselho Monetário Nacional para o período em consideração, tornou politicamente inviável a manutenção da taxa real de juros num patamar inferior a 2% a.a., como era previsto pela "Nova Matriz Macroeconômica". Dessa forma, o Banco Central do Brasil reinicia o ciclo de elevação da taxa Selic a partir do segundo semestre de 2013, fazendo com que a média móvel da Selic over real comece a se elevar a partir de março de 2014. Em dezembro desse ano, a Selic over real alcança um patamar de 3,35% a.a., revertendo, assim, boa parte da redução do juro real realizada entre 2012 e 2013.

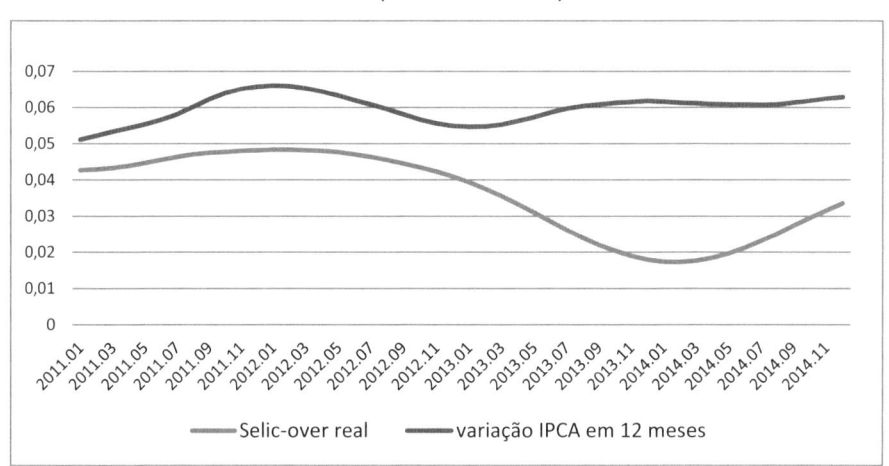

Figura 11 — Evolução da taxa Selic over real e da variação do IPCA, média móvel dos últimos 12 meses (2011.01–2014.12)

Fonte: IPEADATA. Elaboração própria.

O caráter transitório da redução dos juros fez com que o valor médio da taxa Selic over real fosse de 3,57% no período 2011–2014. Trata-se de um valor ainda muito elevado, tendo em vista que a taxa Selic representa a taxa de retorno da aplicação financeira livre de risco no Brasil, uma vez que ela é a taxa que remunera as assim chamadas *Letras Financeiras do Tesouro*, que são um tipo de título de dívida emitido pelo governo federal e que têm liquidez diária. Em poucos lugares do mundo, uma aplicação livre de risco gera uma taxa real de retorno acima de 2% a.a.

O efeito disso sobre a decisão de investimento é perverso. Como a taxa de juros livre de risco das aplicações é muito alta, os empresários só estarão dispostos a realizar aqueles projetos de investimento cuja taxa de retorno supere a taxa de juros livre de risco por uma elevada margem (essa margem é o que se conhece como "prêmio de risco"). O problema é que numa economia que se defronta com uma forte e persistente sobrevalorização cambial e que tem sérias deficiências de infraestrutura, poucos são os projetos de investimento cuja taxa de retorno supera, por uma margem suficientemente grande para se tornar atrativa para os empresários, a taxa de juros livre de risco.

A grande recessão brasileira: antecedentes e causas (2014-2016)

No segundo trimestre de 2014, tem início a mais profunda e duradoura queda do nível de atividade econômica desde o término da Segunda Guerra Mundial[12], a qual pode ser denominada de *A Grande Recessão Brasileira*. Com efeito, entre o segundo trimestre de 2014 e o terceiro trimestre de 2016, o PIB brasileiro apresentou uma queda de 8,33%, de acordo com os dados do IPEADATA.

Na Figura 12 podemos visualizar o comportamento do PIB real no Brasil no período compreendido entre o primeiro trimestre de 2003 e o terceiro trimestre de 2016. Aplicando uma linha de tendência linear aos dados, observa-se que a economia brasileira apresentou uma tendência de crescimento de 0,94% por trimestre, o que equivale a uma taxa anualizada de crescimento de 3,78%.

---

12 De 1945 até 1980, não houve um único ano no qual a variação do PIB brasileiro tenha sido negativa. As recessões eram "recessões de crescimento", ou seja, períodos nos quais a economia expandia-se a taxas inferiores à sua tendência histórica. No período recessivo de 1980 a 1983, o PIB brasileiro caiu 6,3% em termos reais. Para o período 2013–2016, espera-se uma contração de 6,8% do PIB (Safatle, Borges e Oliveira, 2016, p. 30).

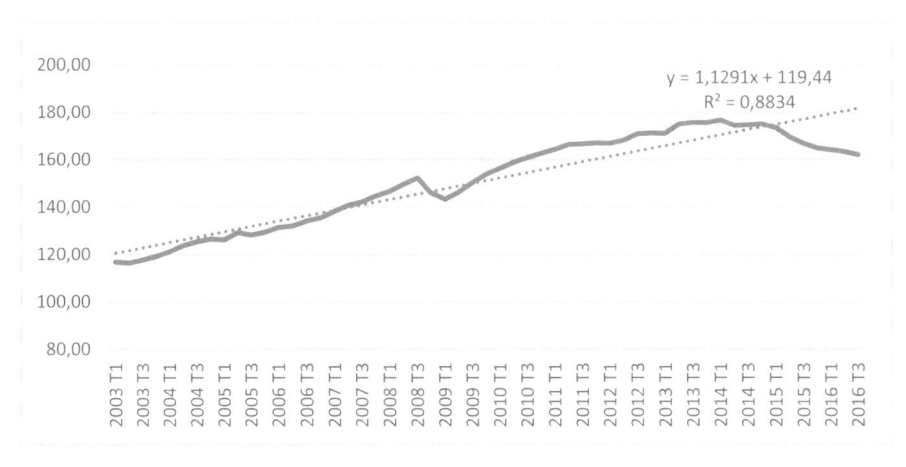

Figura 12 — Evolução do PIB real no Brasil (2003.T1–2016.T3)

$y = 1,1291x + 119,44$
$R^2 = 0,8834$

Fonte: IPEADATA. Elaboração própria.

A inspeção da Figura 12 permite-nos também constatar que, entre 2003 e 2006, a economia brasileira operava ligeiramente abaixo de sua tendência de longo prazo. A partir de 2007, contudo, essa situação se inverte e a economia brasileira passa a operar acima de sua tendência, exceto por um breve período entre o final de 2008 e o início de 2009, o qual compreende os efeitos da crise financeira internacional. Essa inversão no sinal do hiato do produto decorre da flexibilização do tripé macroeconômico após 2006, discutida nas seções anteriores, com a eliminação da sistemática de metas declinantes de inflação, redução da meta de superavit primário e adoção de uma regra de valorização do salário mínimo.

A flexibilização do tripé macroeconômico viabilizou uma notável aceleração do crescimento da economia brasileira em 2010. Conforme podemos verificar na Figura 13, o crescimento do PIB nos dois primeiros trimestres de 2010, na comparação com o mesmo período do ano anterior, supera a marca de 8%.

A partir de 2011, contudo, observa-se uma desaceleração do ritmo de crescimento da economia brasileira. Com efeito, no último trimestre de 2014, o crescimento do PIB real havia se reduzido para 2,63% na comparação com o último trimestre de 2010. A desaceleração do crescimento continua até o segundo trimestre de 2012, quando o PIB apresentou uma expansão de 1,05% na comparação com o segundo trimestre do ano anterior.

Figura 13 — Crescimento do PIB real no Brasil, trimestre contra trimestre do ano anterior (2003.T1-2016.T3)

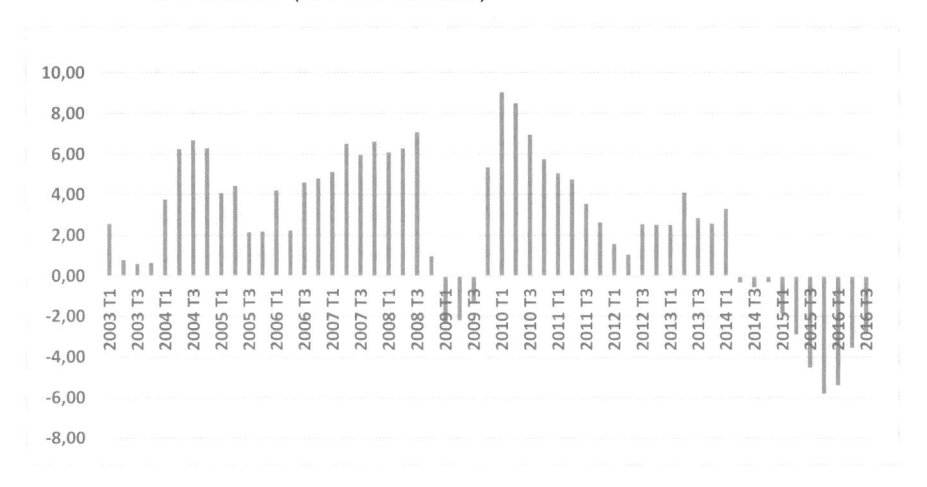

Fonte: IPEADATA. Elaboração do autor.

A assim chamada "nova matriz macroeconômica" foi uma tentativa do governo da presidente Dilma Rousseff de impulsionar o crescimento econômico através de uma combinação de desonerações tributárias, depreciação da taxa nominal de câmbio e redução da taxa básica de juros. A equipe econômica do governo partia do diagnóstico de que a desaceleração do crescimento econômico brasileiro era um problema de demanda agregada que tinha sua origem no recrudescimento da crise econômica internacional, em função dos problemas de endividamento soberano dos países da área do Euro.

A "nova matriz" conseguiu produzir uma aceleração temporária do ritmo de crescimento econômico. No período compreendido entre o terceiro trimestre de 2012 e o primeiro trimestre de 2014, a economia brasileira conseguiu sustentar um ritmo anualizado de crescimento superior a 2.5%.

A partir do segundo trimestre de 2014, o ritmo de crescimento entra em colapso. No segundo trimestre desse ano, o PIB apresenta uma queda de 0,33% na comparação com o mesmo período de 2013. O ritmo de decrescimento acelera-se no terceiro trimestre para 0,58% na comparação com o 2013/T3. Após uma ligeira redução do ritmo de decrescimento no final de 2014, o ritmo de queda do nível de atividade econômica acelera-se no primeiro trimestre de 2015, quando o PIB real apresenta uma contração de 1,87% na comparação com o primeiro trimestre de 2014. Na comparação entre o primeiro trimestre de 2014 e o primeiro trimestre de 2015, ocorre uma redução de 5,18 p.p. na taxa de crescimento do PIB.

Nos trimestres subsequentes, o ritmo de queda do nível de atividade aprofunda-se, fazendo com que o PIB se contraia a um ritmo de 5,82% no último trimestre de 2015. O movimento de queda do PIB continua ao longo do ano de 2016, mas a um ritmo decrescente, sugerindo que a economia brasileira se encontra numa trajetória de estabilização do nível de atividade, o qual foi obtido no primeiro trimestre de 2017, quando o PIB apresentou uma taxa de crescimento de 1,3% na comparação com o trimestre imediatamente anterior. Dessa forma, o Brasil experimentou 11 trimestres consecutivos de queda do nível de atividade econômica.

O padrão de comportamento exibido pela economia brasileira desde o segundo trimestre de 2014 coloca-nos duas questões para reflexão. A primeira questão é: por que o ritmo de crescimento entrou em colapso a partir do segundo trimestre de 2014, em vez de apresentar uma desaceleração mais gradual ao longo do ano? A segunda é: por quais motivos o ritmo de queda do nível de atividade intensifica-se a partir do primeiro trimestre de 2015?

O colapso do investimento e o esmagamento de lucros

A visível perda de sustentação sofrida pelo ritmo de crescimento da economia brasileira a partir do segundo trimestre de 2014 foi o resultado da expressiva queda da formação bruta de capital fixo (FBKF). Como podemos visualizar na Figura 14, os gastos com a FBKF apresentaram uma queda de 11% em termos reais no segundo trimestre de 2014 com relação ao mesmo período do ano anterior. Nos trimestres seguintes, o movimento de queda do investimento tem continuidade, com a FBKF reduzindo-se 13% no terceiro trimestre e outros 12% no último trimestre de 2014.

Figura 14 — Taxa de crescimento da formação bruta de capital fixo, na comparação com o mesmo trimestre do ano anterior (2013.T1–2016.T3)

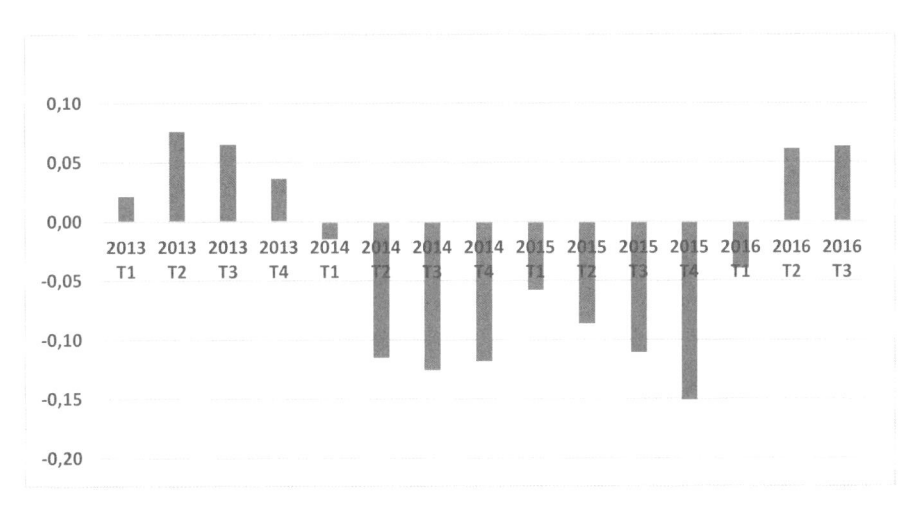

Fonte: IPEADATA. Elaboração dos autores.

Quais os fatores que explicam o colapso da FBKF ocorrido a partir do segundo trimestre de 2014? Mudanças abruptas dos gastos de investimento são, em geral, decorrência de mudanças nas expectativas dos empresários a respeito da taxa de retorno do capital, pois o custo do capital, largamente determinado pelo comportamento da taxa de juros, tende a apresentar um comportamento mais estável ao longo do tempo. A incerteza inerente ao processo de tomada de decisão numa economia capitalista faz com que os empresários adotem convenções que lhes permitam lidar com o fato inescapável da extrema precariedade da base de conhecimento e informação sobre a qual podem formar suas expectativas a respeito da taxa de retorno dos projetos de investimento. Uma dessas convenções consiste em supor que a situação atual persistirá indefinidamente, a não ser que se tenha uma razão concreta para esperar uma mudança (Keynes, 1936, p. 148). Com base nessa convenção, as mudanças na taxa esperada de retorno do capital devem resultar de mudanças no valor observado dessa variável.

A Tabela 9, elaborada a partir dos dados de Rocca (2015), apresenta a evolução da *Taxa de Retorno sobre o Capital Próprio* (ROE) — das empresas brasileiras não financeiras de capital aberto e das maiores empresas não financeiras de capital fechado — e da Taxa Selic no período 2010–2014. A inspeção dessa tabela revela-nos que a ROE apresenta uma nítida tendência de redução a partir de 2011, alcançando 4,3% a.a. em 2014, valor inferior à inflação observada, tornando-a, assim, *negativa* em termos reais. Podemos observar também que a redução ocorrida na taxa Selic — um dos componentes do custo do capital — não foi suficientemente grande para compensar a redução da rentabilidade do capital próprio das empresas brasileiras, sendo essa uma das razões pelas quais a "nova matriz macroeconômica" mostrou-se incapaz de produzir uma aceleração de caráter permanente do ritmo de crescimento da economia brasileira (Oreiro e D'Agostini, 2017).

Tabela 9 — Evolução da taxa de retorno sobre o capital próprio e da taxa Selic (2010-2014)

	ROE	Selic*
2010	16,50%	9,80%
2011	12,50%	11,70%
2012	7,20%	8,50%
2013	7,00%	8,20%
2014	4,30%	10,90%

Fonte: Rocca (2015). Elaboração Própria. (*) Média do ano.

Quais as razões que explicam a tendência de queda da taxa de retorno do capital a partir de 2011? Estudo publicado pelo CEMEC (2015) mostra que o principal fator da redução das taxas de retorno é a queda das margens de lucro das empresas não financeiras, as quais não têm conseguido transferir para os preços de venda a totalidade dos aumentos verificados em seus custos operacionais (Ibid, p.10). Excluindo-se os casos nos quais as margens de lucro caíram em função das políticas de controle de preços adotadas pelo governo na tentativa de manter a inflação dentro das metas estabelecidas pelo Conselho Monetário Nacional sem ter que recorrer ao aumento da taxa de juros — como foi o caso da Petrobras, da Eletrobras e das usinas de etanol —, o setor que apresentou a maior redução de margens foi a indústria (Ibid, p.11). A queda das margens de lucro no setor industrial decorreu, por sua vez, do aumento do custo unitário do trabalho (CUT), gerado pelo aumento dos salários acima do crescimento da produtividade do trabalho, em conjunto com a sobrevalorização da taxa de câmbio, a qual impediu o repasse do aumento do CUT para os preços dos produtos industriais devido à concorrência dos produtos importados.

Outro fator que explica a queda dos gastos de investimento em 2014 foi a forte retração dos investimentos do Grupo Petrobras (Valor Econômico, 2017B). Em função dos efeitos combinados do elevado coeficiente de endividamento (medido pelo Ebitda), da queda do preço do petróleo no mercado internacional e das implicações da operação Lava Jato, o Grupo Petrobras reduziu os seus gastos em investimento de 1,86% do PIB, em 2013, para 1,41% do PIB, em 2014, uma contração de 0,45 p.p. do PIB.

Fatores amplificadores: realinhamento de preços relativos e a perda do espaço fiscal

A queda acentuada dos gastos com a FBKF ocorrida em 2014 foi o estopim da recessão que se abateu sobre a economia brasileira, mas não explica o notável agravamento da intensidade do quadro recessivo observado em 2015, e muito menos a persistência desse quadro ao longo do ano de 2016. Outros fatores contribuíram para amplificar os efeitos do colapso do investimento, aprofundando, assim, o mergulho na recessão.

Um primeiro fator amplificador foi o *realinhamento súbito* de preços relativos feito no início do segundo mandato da presidente Dilma Rousseff. As tarifas de energia elétrica, que haviam sido reduzidas em 2013 como parte da estratégia para manter a inflação dentro do intervalo de tolerância do sistema de metas, foram reajustadas em cerca de 50% com o intuito de recuperar a rentabilidade das empresas de distribuição de energia, que foram negativamente afetadas pela política de controle de preços. A taxa nominal de câmbio também sofreu uma forte desvalorização nos três primeiros meses de 2015, passando de uma média de R$2,66 em janeiro para R$3,20 em março, uma depreciação de 20,3% em apenas dois meses[13]. Como resultado desse realinhamento dos preços relativos, a inflação medida pela variação anualizada do IPCA saltou de 6,41% no último trimestre de 2014 para 9,48% no terceiro trimestre de 2015.

A aceleração da inflação resultou numa forte queda da renda real por trabalhador. Com base nos dados coletados em Oreiro e D'Agostini (2016), a taxa de crescimento da renda real por trabalhador reduziu-se de 0,7% no último trimestre de 2014 (na comparação com igual período do ano anterior) para -6,90% no segundo trimestre de 2015. Essa queda da renda real por trabalhador foi um dos fatores que explicam a forte contração dos gastos de consumo das famílias, observada a partir do primeiro trimestre de 2015, o que pode ser visualizado por intermédio da Figura 15.

Figura 15 — Evolução do consumo final das famílias (2014.T1–2016.T3)

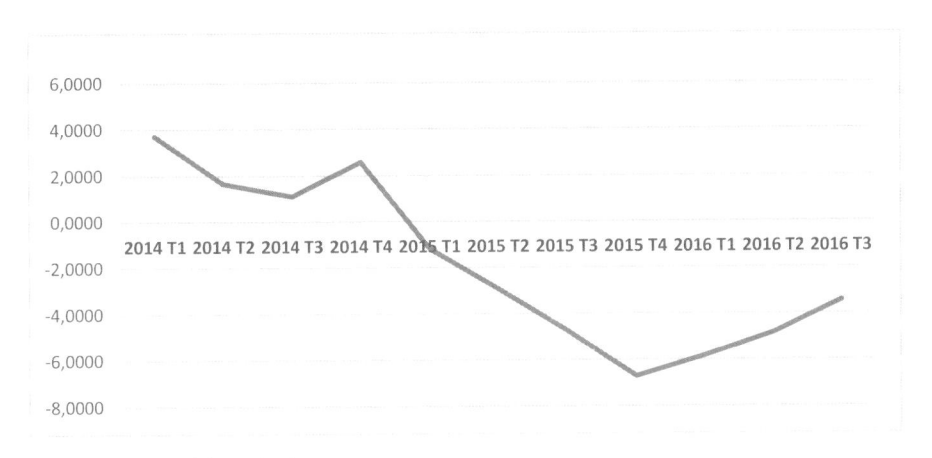

Fonte: IPEADATA. Elaboração do autor.

---

13 A desvalorização da taxa nominal de câmbio ocorrida no primeiro semestre de 2015 não foi, contudo, uma opção deliberada de política econômica, mas reflexo da queda acentuada dos termos de troca da economia brasileira. Com efeito, os termos de troca apresentaram uma contração de 9,47% entre o último trimestre de 2014 e o terceiro trimestre de 2015 (Oreiro e D'Agostini, 2016).

Outro fator que contribuiu para a amplificação dos efeitos recessivos da queda dos gastos de investimento foi o comportamento da política fiscal. Segundo estudo publicado pela Secretaria de Política Econômica em maio de 2016 (SPE, 2016), a política fiscal no Brasil no período 2003–2015 foi, em geral, procíclica; ou seja, adotou uma postura expansionista durante os períodos nos quais a economia crescia acima da sua tendência de longo prazo e uma postura contracionista nos momentos em que a economia operava abaixo do potencial. A prociclicidade da política fiscal brasileira acentuou-se em 2015 em função da perda do *espaço fiscal*[14] decorrente da eliminação da capacidade de geração de superavit primário pelo Setor Público ao longo do ano de 2014. Esse fato colocou a dívida pública como proporção do PIB em trajetória de elevação, recriando temores a respeito de um possível *default* soberano[15]. Para fazer frente a esse risco, o Ministério da Fazenda adotou um forte ajuste fiscal[16], concentrado na redução dos gastos de investimento do governo federal, os quais caíram de 1,34% do PIB em 2014 para 0,93% do PIB em 2015 (Valor Econômico, 2017).

---

14 Com base em Eberly (2014), o espaço fiscal é definido como uma situação na qual o governo tem espaço para realizar uma política fiscal expansionista por muitos anos e, portanto, incorrer em deficits orçamentários persistentes por longos períodos sem colocar em risco a sua solvência intertemporal. Uma condição necessária para a existência de um espaço fiscal relevante é que a dívida pública como proporção do PIB seja relativamente baixa nos períodos de *boom* econômico, uma vez que o resultado primário requerido para a estabilização/redução da dívida pública como proporção do PIB é uma função crescente do nível de endividamento do governo.

15 O aumento do risco de default soberano por parte do governo brasileiro deu-se mais fortemente no segundo semestre de 2015, quando o índice EMBI+ para o Brasil subiu cerca de 200 p.b. (Oreiro e D'Agostini, 2016).

16 O ajuste fiscal realizado pelo Ministério da Fazenda em 2015 teve impacto também sobre a oferta de crédito dos bancos públicos, na medida em que as preocupações fiscais levaram a restrições à expansão dos empréstimos financiados pela dívida pública pelos bancos públicos (Canuto, 2017). Dessa forma, o ajuste fiscal teve como efeito secundário um choque financeiro negativo em 2015, fator esse que contribuiu decisivamente para a forte retração dos gastos de consumo das famílias.

Para que se possa medir a contribuição da política fiscal para o agravamento do quadro recessivo da economia brasileira, é necessário calcular o assim chamado *impulso fiscal*, que consiste na diferença entre o resultado primário estrutural no ano t e o resultado primário estrutural do ano t-1, multiplicado por -1. Assim, quando o resultado primário estrutural do ano t for maior do que o do resultado do ano t-1, o impulso fiscal será negativo, ou seja, a política fiscal será, portanto, contracionista, contribuindo, dessa forma, para o agravamento do quadro recessivo; do contrário, o impulso fiscal será positivo e a política fiscal será expansionista. O resultado primário estrutural é definido, por sua vez, como o resultado primário que é compatível com o PIB ao nível potencial, com os preços dos ativos ao nível de equilíbrio de longo prazo e descontado dos efeitos das receitas não recorrentes (SPE, 2016).

A evolução do resultado primário estrutural do setor público brasileiro para o período 2002–2015 pode ser observada na Figura 16.

Figura 16 — Evolução do resultado primário estrutural do setor público (2002–2015)

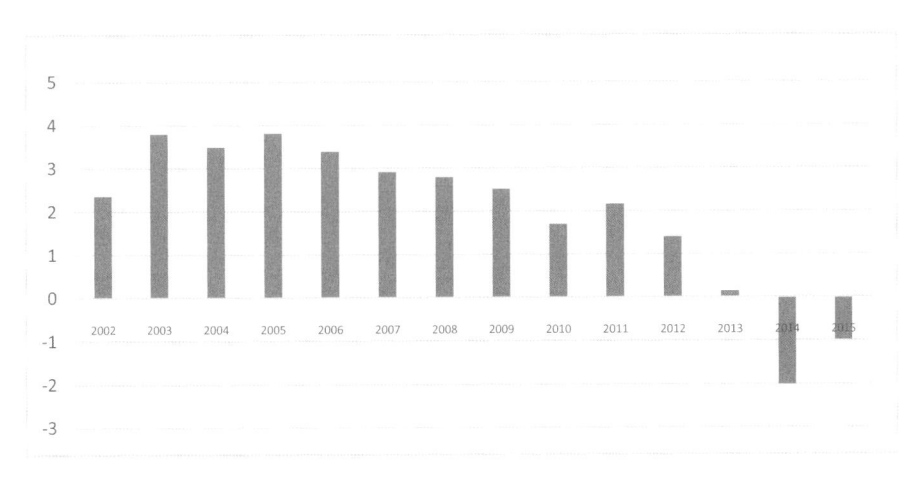

Fonte: SPE (2016). Elaboração Própria.

Podemos perceber, nessa figura, uma nítida tendência de redução do resultado primário estrutural a partir de 2007. Essa tendência se acentua a partir de 2011, no primeiro mandato da presidente Dilma Rousseff. Em 2013, o resultado primário estrutural é praticamente nulo, tornando-se fortemente negativo em 2014. Um resultado primário estrutural negativo é claramente inconsistente com a solvência de médio/longo prazo do setor público, o que levou à realização de um ajuste fiscal em 2015, justamente no momento em que a economia brasileira se encontra em recessão. Dessa forma, a política fiscal torna-se fortemente contracionista em 2015, gerando um impulso fiscal de -1,02% do PIB.

O governo Temer: acertos e equívocos na condução da política macroeconômica

Os efeitos combinados da grande recessão e da crise política que atingiu o governo Dilma a partir do segundo semestre de 2015 produziram uma situação de ingovernabilidade que desembocou no impeachment da presidente em maio de 2016. Como estabelece a Constituição Federal, o Vice-presidente da República, Michel Temer, assumiu o comando do país.

Sem querer entrar na difícil seara da "legitimidade" do processo de impeachment da presidente Dilma Rousseff, é indubitável que boa parte da motivação para esse processo adveio da sensação de paralisia em que se encontrava o governo no final de 2015 e início de 2016; paralisia essa que atuava no sentido de aprofundar a crise econômica devido ao aumento da percepção de incerteza no ambiente econômico.

Nesse cenário, o governo Temer era visto como a "saída política" para a crise econômica. No final de 2017, a economia brasileira parece finalmente ter deixado para trás a grande recessão, devendo crescer em torno de 1% em 2017 e entre 2 e 2,5% em 2018. Em que medida a "solução Temer" contribuiu para o Brasil finalmente sair da grande recessão? As políticas adotadas foram adequadas ou contribuíram, em alguma medida, para a duração e a profundidade da grande recessão?

No que se refere à política fiscal, deve-se reconhecer que a estratégia de ajuste fiscal do governo Temer é melhor (embora ainda defeituosa) à estratégia adotada no governo Dilma Rousseff, na época em que Joaquim Levy era o ministro da Fazenda. Com efeito, a estratégia de Levy baseava-se na ideia de fazer uma "virada fiscal", ou seja, realizar um ajuste fiscal muito rápido, centrado em cortes de despesas, para conseguir alcançar, até 2018, o superavit primário requerido para a estabilização da dívida pública como proporção do PIB. O problema com essa estratégia de ajuste é que as despesas que poderiam ser cortadas em curto prazo eram precisamente aquelas com maior efeito multiplicador sobre o nível de atividade, ou seja, as despesas discricionárias, entre as quais, os gastos de investimento do governo central, mas que representavam apenas 10% do orçamento da União.

Nesse contexto, o Ministério da Fazenda promoveu em 2015 um corte real de 35% dessas despesas, o que certamente contribuiu para o aprofundamento da crise econômica; enquanto as despesas obrigatórias, não sujeitas a corte ou contingenciamento do governo, continuavam crescendo 5% em termos reais. Dessa forma, obteve-se o pior de dois mundos: a despesa primária do governo central aumentou 1% em termos reais no ano de 2015 e a receita tributária encolheu quase 5% em termos reais devido ao agravamento da recessão.

A estratégia de ajuste fiscal do governo Temer foi desenhada a partir dos erros da proposta de Levy. Em vez de uma "virada fiscal", o governo Temer propôs, por intermédio da PEC 241/55, um ajuste fiscal gradual com base na redução do ritmo de crescimento das despesas primárias da União.

Ao indexar essas despesas pela inflação do ano anterior, a PEC 241/55 pretende assegurar uma redução das despesas primárias como proporção do PIB no médio e longo prazos, fazendo com que, em algum momento nos próximos anos, o governo central volte a gerar o superavit primário requerido para a estabilização da dívida pública. Até lá, a dívida pública como proporção do PIB continuará sua trajetória ascendente, podendo ultrapassar 80% até o final da década.

Política monetária: o retorno do "excesso de conservadorismo"

Não obstante o gradualismo na formulação da estratégia de ajuste fiscal, ocorreram equívocos importantes na formulação e execução da política macroeconômica, os quais contribuíram para retardar a saída do quadro recessivo.

No rol dos equívocos, o maior deles foi, sem sombra de dúvida, a obstinação do Banco Central, sob a direção de Ilan Goldfajn, de fazer a inflação convergir para 4,5% ao ano já em 2017.

A aceleração da inflação ocorrida em 2015 — quando a variação do IPCA passou de 10% — deveu-se a uma série de choques sobre os preços relativos, cujos efeitos seriam apenas o de produzir uma aceleração temporária da taxa de inflação, conforme podemos visualizar na Figura 17.

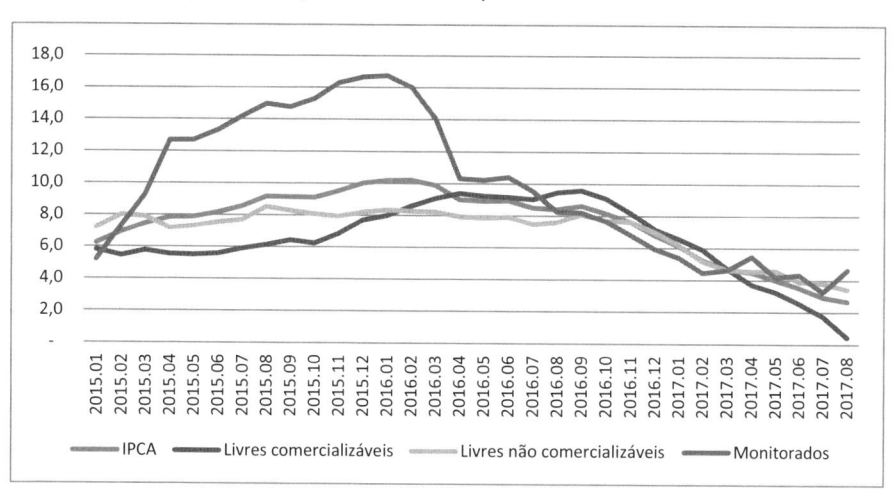

Figura 17 — Evolução da variação acumulada em 12 meses do IPCA e dos seus componentes (2015.01–2017.08)

Fonte: IPEADATA. Elaboração própria.

Como já foi visto nas seções anteriores, em 2015 ocorreu um forte realinhamento de preços relativos, notadamente o valor das tarifas de energia elétrica (aumento em torno de 50%), o preço dos combustíveis e a desvalorização da taxa nominal de câmbio; choques esses que não voltariam a se repetir no ano de 2016. Esse realinhamento de preços relativos produziu uma forte aceleração da inflação dos preços administrados, conforme a Figura 17, a qual atingiu o pico de 16,1% no acumulado em 12 meses em janeiro de 2016. A partir de então, a inflação dos preços monitorados começa a apresentar uma tendência forte de queda, contribuindo para o rápido processo desinflacionário observado a partir do segundo trimestre de 2016. Dessa forma, a simples dissipação no tempo dos efeitos dos choques de preços relativos levaria a uma redução expressiva da taxa de inflação, sem a necessidade de um endurecimento adicional da política monetária.

Além disso, a aceleração da inflação ocorrida em 2015 acabaria por reduzir a renda real dos trabalhadores, gerando uma contração significativa da demanda agregada, tornando mais difícil o repasse da desvalorização cambial e do aumento dos custos com energia e combustíveis para os demais preços da economia.

Por fim, a crise fiscal nos estados somada à redução dos gastos de investimento da União e das empresas estatais (notadamente a Petrobras) terminariam por gerar retrações adicionais na demanda agregada, ampliando assim o *hiato do produto* e, dessa forma, a intensidade do processo desinflacionário.

Todas essas informações estavam à disposição da nova diretoria do Banco Central do Brasil em meados de 2016. No entanto, a primeira flexibilização da política monetária só ocorreria em novembro daquele ano, e numa magnitude inexpressiva, uma redução de apenas 0,25 ponto na taxa Selic.

Dessa forma, a manutenção da taxa Selic em 14,25% a.a. durante a quase totalidade do segundo semestre significou, na verdade, um *endurecimento na condução da política monetária*, pois a taxa real de juros aumentava a cada queda da inflação acumulada ao longo dos últimos 12 meses, conforme podemos observar na Figura 18.

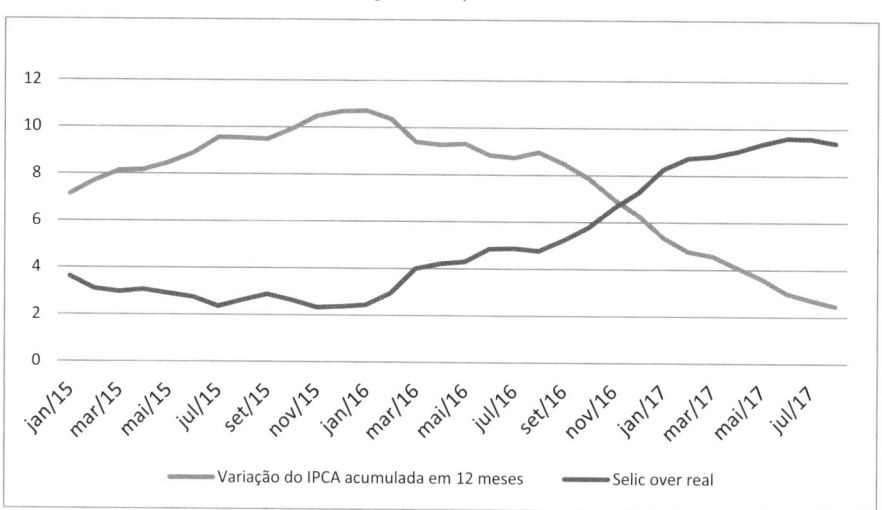

Figura 18 — Evolução da variação acumulada do IPCA em 12 meses e da Selic over real (Jan. 2015–Ago. 2017)

Fonte: IPEADATA. Elaboração própria.

O resultado dessa política foi, por um lado, a retomada do *processo de valorização da taxa de câmbio*, conforme podemos visualizar na Figura 19, o qual anulou boa parte do ajuste cambial realizado em 2015, que estava começando a dar seus primeiros frutos em termos de aumento das exportações de produtos manufaturados.

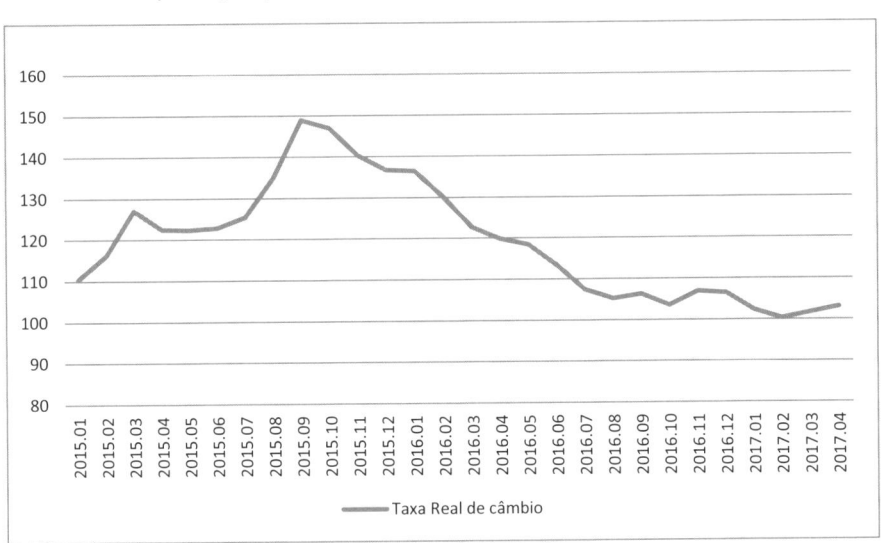

Figura 19 — Evolução da taxa real de efetiva câmbio, INPC-manufaturados-exportação (2015.01–2017.04)

Fonte: IPEADATA. Elaboração própria.

Por outro lado, o aumento da taxa real de juros contribuiu para a contração do crédito bancário e para o aumento da inadimplência das pessoas físicas e jurídicas, fazendo com que o processo de *desalavancagem* em curso na economia brasileira se tornasse mais lento e custoso.

Como resultado do endurecimento na condução da política monetária posta em prática por Ilan Goldfajn, a produção industrial continuou em sua trajetória de queda, revertendo, assim, o otimismo que o *impeachment* de Dilma Rousseff havia criado no meio empresarial. Os indicadores de confiança voltaram a se retrair no último trimestre de 2016, apontando, assim, para a continuidade do quadro recessivo.

A PEC 241/55 e a estratégia de ajuste fiscal

Outro equívoco importante deu-se na formatação da estratégia de ajuste fiscal, a qual, partindo de um diagnóstico essencialmente correto sobre a natureza do desequilíbrio fiscal, acabou por errar completamente na dosagem do ajuste.

A estratégia de ajuste fiscal adotada pelo governo do presidente Temer baseia-se em dois pressupostos. O primeiro é que a crise fiscal vivenciada pelo Brasil a partir de 2014 é de *natureza estrutural*, resultado do crescimento dos gastos primários da União a um ritmo superior ao PIB ao longo dos últimos 15 anos.

Essa trajetória dos gastos primários era claramente insustentável, tendo que desaguar, mais cedo ou mais tarde, numa crise fiscal; uma vez que é econômica e politicamente inconcebível que a carga tributária cresça continuamente ao longo do tempo de forma a permitir a geração de um superavit primário na magnitude necessária para manter a dívida pública estável como proporção do PIB.

A recuperação cíclica da economia não vai, por si só, eliminar o problema estrutural. Nesse contexto, o ajuste fiscal deve passar necessariamente pela contenção do ritmo de crescimento das despesas primárias da União, de forma a interromper o crescimento da relação despesas primárias/PIB.

O segundo pressuposto é que, em função da recessão e das "restrições constitucionais" que impedem a redução das despesas obrigatórias em termos nominais, o ajuste fiscal tem que ser feito de maneira gradual, inexistindo a possibilidade de uma "virada" fiscal, como foi tentado, sem sucesso, pelo ministro Levy em 2015.

Nesse contexto, a recuperação do nível de atividade econômica levará a um aumento gradual da arrecadação tributária como proporção do PIB, sem a necessidade de uma nova rodada de aumento de impostos.

Pelo lado das despesas primárias, deve-se fazer com que elas cresçam a um ritmo menor do que a expansão do PIB, de forma que a relação despesas primárias/PIB reduza-se gradualmente. Essa estratégia deverá fazer com que, no espaço de cinco ou seis anos, a União volte a gerar o superavit primário necessário para a estabilização e posterior redução da relação dívida pública/PIB.

Para atingir esses objetivos, o governo Temer formulou a PEC 241/55, que limita o crescimento anual da despesa primária da União à variação observada do IPCA do ano anterior por um prazo de 20 anos. Dessa forma, as despesas primárias serão mantidas constantes em termos reais, assim que a inflação convergir para o centro da meta de 4,5% a.a.

Logo que a economia brasileira retome a sua trajetória de crescimento, a PEC 241/55 levará a uma redução gradual da despesa primária como proporção do PIB, permitindo, assim, a recuperação gradual da capacidade de geração de superavit primário.

Dessa forma, em algum momento nos próximos cinco ou seis anos a União deveria estar gerando o resultado primário suficiente para estabilizar e, posteriormente, reduzir a dívida pública como proporção do PIB. Esse momento poderá ser antecipado ou retardado por conta da trajetória futura da taxa de juros.

Quanto menor for a taxa real de juros, menor será o superavit primário requerido para estabilizar/reduzir a dívida pública/PIB, fazendo com que os efeitos da PEC 241/55 sobre a trajetória de consolidação fiscal sejam sentidos mais cedo.

O primeiro problema com a PEC 241/55 é que, ao propor o congelamento dos gastos primários em termos reais, ela termina por gerar uma trajetória na qual os gastos primários da União reduzem-se em termos per capita. Com efeito, a população brasileira cresce, atualmente, ao ritmo de 0,8% a.a.

Sendo assim, se os gastos primários permanecerem constantes em termos reais, então, como proporção ao número de habitantes, eles estarão reduzindo-se ao ritmo de 0,8% a.a. Como entre as despesas primárias encontram-se as rubricas de saúde e educação, não é preciso ser um gênio político para perceber que no médio e longo prazos isso deverá produzir uma enorme insatisfação popular, principalmente nas camadas mais pobres da população.

Outro problema é que a PEC 241/55 não prevê nenhuma "cláusula de escape", ou seja, um dispositivo que permita a União descumprir temporariamente o teto do gasto no caso de "catástrofes naturais" (exemplo: a queda de um meteoro em Brasília) ou de ocorrência de uma crise bancária sistêmica que obrigue o governo a fazer o resgate dos bancos para impedir um colapso financeiro e, por conseguinte, uma queda catastrófica do PIB.

Esse tipo de dispositivo é adotado por outros países que têm um teto para o crescimento das despesas correntes como, por exemplo, o Peru (ver *Valor Econômico*, "Controle de despesa foi bem-sucedido em outros países", 13/10/2016).

# 2

O regime de metas de inflação e a condução da política monetária no Brasil: por que a taxa real de juros no Brasil é tão alta?

No capítulo anterior, vimos a evolução dos regimes de política macroeconômica no Brasil no período 1999–2017. Argumentamos que os diversos regimes de política macroeconômica existentes no período tiveram como característica fundamental a inconsistência no sentido de Timbergen, ou seja, a definição de objetivos e metas de política econômica que eram mutuamente inconsistentes. Essa inconsistência terminou por afetar a eficácia da política monetária, ao produzir fontes de pressão inflacionária autônoma que impediram a convergência da inflação para o centro da meta definido pelo Conselho Monetário Nacional. Neste capítulo, analisaremos em detalhe a operação da política monetária no Brasil desde 2003, mostrando como esses fatores de pressão inflacionária autônoma, conjugados com a existência de títulos públicos indexados à taxa Selic, acabam atuando no sentido de manter a taxa real de juros no Brasil acima do seu patamar de equilíbrio de longo prazo, contribuindo, assim, para a sobrevalorização cambial e a perda de competitividade da indústria de transformação.

O protocolo do regime de metas de inflação

A mudança do regime cambial brasileiro, em janeiro de 1999, e a adoção do regime de metas de inflação, em meados desse mesmo ano, mudaram o *modus operandi* da política monetária brasileira. Se, durante o sistema de bandas cambiais, o controle da inflação era feito por intermédio da política cambial, cabendo à política monetária a tarefa de manter a taxa de câmbio sob o controle das autoridades monetárias, a adoção do regime de flutuação cambial eliminou a possibilidade de se controlar a taxa de inflação por intermédio da administração da taxa de câmbio. A necessidade de uma *âncora nominal* para as expectativas de inflação dos agentes econômicos levou à adoção do sistema de *metas de inflação*, no qual a principal tarefa da política monetária é controlar a taxa de inflação.

O controle da inflação, nesse novo regime de política monetária, dá-se fundamentalmente por intermédio da fixação do valor da taxa básica de juros — a Selic — num patamar que seja compatível com a *meta inflacionária* definida pelo Conselho Monetário Nacional. Nesse regime de política monetária, o crescimento dos agregados monetários — M1, M2 ou M3 — não é uma variável sobre a qual o Banco Central tente exercer algum tipo de controle. Isso porque a evolução da teoria e da prática da política monetária nos países desenvolvidos mostrou que a *instabilidade crescente da velocidade de circulação da moeda*, observada nesses países após a década de 1970, tornava extremamente fraca a relação entre a taxa de inflação e a taxa de crescimento do agregado monetário de referência (Blanchard, 2004, p. 536).

Esse fenômeno levou os economistas a desenvolverem uma nova concepção sobre a maneira pela qual a inflação pode ser mantida sob controle.

Em vez de controlar o crescimento da quantidade de moeda, o Banco Central deve focar sua atenção na relação entre a taxa de juros real efetiva e a taxa de juros real de equilíbrio[1] (Blinder, 1998, p. 29). Se a taxa de juros real efetiva, aproximadamente igual à diferença entre a taxa nominal de juros fixada pelo Banco Central e a taxa esperada de inflação, for maior do que a taxa de juros de equilíbrio, então, o nível de atividade econômica se reduzirá, fazendo com que a taxa de inflação também se reduza em função da existência do *trade-off* de curto prazo entre inflação e desemprego, expresso pela curva de Phillips. Por outro lado, se a taxa real efetiva for menor do que a taxa de juros de equilíbrio, então o nível de atividade econômica aumentará, o que induzirá a um aumento da taxa de inflação.

Nesse contexto, para manter a inflação constante ao longo do tempo, o Banco Central deve manter o nível corrente da taxa real de juros em linha com o valor de equilíbrio da referida taxa, e o instrumento usado para esse fim é a fixação da taxa nominal de juros de curto prazo. Isso significa que o Banco Central deve aumentar a taxa nominal de juros sempre que houver um aumento das expectativas de inflação e deve reduzir a taxa nominal de juros quando ocorrer uma redução da inflação esperada.

Como destacado por Mishkin (2000, p. 1), o regime de metas de inflação apresenta cinco elementos básicos, a saber:

1. O anúncio público de uma *meta numérica* para a inflação no médio prazo;
2. O *compromisso institucional* com a estabilidade da taxa de inflação como o objetivo fundamental da política monetária, sendo os outros objetivos a ele subordinados;

---

[1] A taxa real de juros de equilíbrio é definida como o nível da taxa real de juros que, se obtida, faz com que a economia opere com plena utilização dos recursos produtivos disponíveis (Blinder, 1998, p. 32).

3. Utilização de todas as informações disponíveis, não apenas as referentes aos comportamentos dos agregados monetários, para determinar a utilização dos instrumentos de política monetária;
4. Aumentar a transparência na condução da política monetária por intermédio da comunicação com o público e o mercado, esclarecendo os planos, objetivos e decisões das autoridades monetárias; e
5. Ampliar a "responsabilização" do Banco Central com a obtenção da meta de inflação estabelecida.

O regime de metas de inflação busca, além de controlar a inflação no período observado, garantir o comprometimento com a manutenção da taxa de inflação em níveis baixos e estáveis no longo prazo. Para tanto, o anúncio das metas estipuladas no médio prazo e a "responsabilização" do Banco entral em alcançá-las são fundamentais para o bom funcionamento desse regime monetário. Sendo assim, é importante manter ancoradas as expectativas de inflação dos agentes econômicos, ou seja, que essas expectativas convirjam para a meta de inflação estipulada para o médio prazo.

A princípio, a primazia da estabilidade da taxa de inflação como objetivo da política monetária não implica desprezar o comportamento de outras variáveis, como taxa de câmbio, produto ou emprego, mas subordina os demais objetivos da política monetária, como a manutenção da taxa de câmbio, a um patamar competitivo e estável ou estabilização do nível de atividade econômica à obtenção da meta de inflação. Dessa forma, os demais objetivos da política monetária só poderão ser perseguidos se e quando não entrarem em conflito com o objetivo primordial de obtenção da meta de inflação estabelecida.

O regime de metas de inflação brasileiro

No Brasil, o regime de metas de inflação foi implantado oficialmente no dia 22 de junho de 1999, através do Decreto nº 3.088 de 21 de junho de 1999[2], após o fim do regime de bandas cambiais em janeiro de 1999.

No caso brasileiro, há uma separação clara da instituição que mede a inflação a ser controlada (Instituto Brasileiro de Geografia e Estatística — IBGE) e a entidade responsável pela obtenção da meta de inflação (Banco Central do Brasil — BCB). No dia 30 de junho de 1999, o Conselho Monetário Nacional (CMN) definiu as metas de inflação para 1999, 2000 e 2001, respectivamente em 8,0%, 6,0% e 4,0%, com intervalos de tolerância de dois pontos percentuais acima e abaixo das metas centrais, bem como o índice utilizado para calcular a variação de preços. O Índice de Preços ao Consumidor Amplo (IPCA), calculado pelo IBGE, foi o escolhido como o índice de preços oficial.

As metas são anunciadas para dois anos e meio adiante. Em junho de 2000, a meta de 2002 foi estipulada em 3,5% no ano, com intervalo de dois pontos percentuais. Em junho de 2001, o CMN estipulou uma meta de inflação, para 2003, em 3,25% com a mesma tolerância de intervalo[3]. Esta foi alterada para 4,0% ao ano com intervalo de ± 2,5%. Em junho de 2003, 2004 e 2005, foram estipuladas, respectivamente, metas de 5,5%, 4,5% e 4,5%, sendo que, em 2005, o intervalo diminuiu para ± 2,0%. A partir de 2005, o centro da meta de inflação foi fixado em 4,5% a.a., tendo permanecido nesse patamar até 2017, quando o Conselho Monetário Nacional decidiu reduzir o intervalo de tolerância para 1,5%.

O Brasil adota como meta de inflação um índice cheio com intervalo de tolerância que, conforme dito acima, variou ao longo do tempo, situando-se atualmente em 1,5% para cima ou para abaixo. Não é admitida cláusula de

---

2   O Decreto nº 3.088 pode ser obtido em: http://www.bcb.gov.br/htms/leisedecretos/

escape[4] devido à existência do intervalo de tolerância. Caso a meta não seja atingida, o presidente do BCB deve enviar uma *carta aberta* ao ministro da Fazenda explicando o não cumprimento desta, bem como as providências a serem tomadas e o prazo para a obtenção das metas estipuladas.

Outra característica importante do regime de metas brasileiro consiste na publicação trimestral de um relatório de inflação pelo BCB, nos moldes do *Inflation Report* do Bank of England,[5] e nas reuniões mensais do Comitê de Política Monetária (Copom), com a publicação das atas. Essas duas publicações têm como objetivo principal melhorar a comunicação da condução da política monetária do BCB junto ao público e, assim, torná-la mais transparente e democrática.

Figura 1 — Meta de inflação, limite inferior, limite superior e variação do IPCA acumulada em 12 meses (Jan. 2003–Set. 2017)

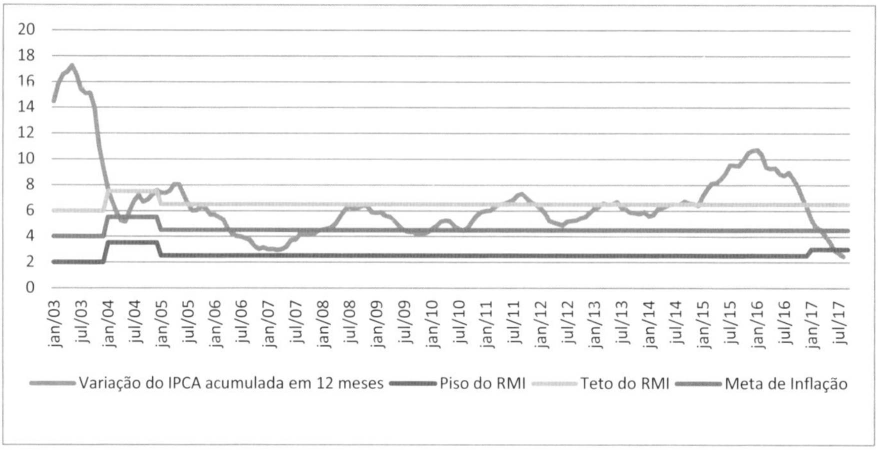

Fonte: IPADATA. Elaboração dos autores.

Na Figura 1, podemos observar o comportamento da inflação medida pela variação acumulada do IPCA em 12 meses no período compreendido entre janeiro de 2003 e setembro de 2017, ou seja, por um período de quase 14 anos. Excetuando-se um breve período compreendido entre maio de

---
5 Relatório de Inflação do Banco Central da Inglaterra.

2006 e janeiro de 2008, a inflação acumulada em 12 meses permaneceu sistematicamente acima do centro do regime de metas de inflação, tendo estourado o teto desse regime em diversos momentos, mais especificamente entre dezembro de 2004 e julho de 2005; entre maio de 2011 e novembro de 2011; e, por fim, entre dezembro de 2014 e novembro de 2016.

A dificuldade revelada do Banco Central do Brasil em obter a meta inflacionária definida pelo Conselho Monetário Nacional pode ser o sintoma dos seguintes problemas[6]:

a. Presença de um elevado grau de *inércia inflacionária* combinado com fatores que produzem "pressão inflacionária" autônoma como, por exemplo, conflito distributivo entre salários e lucros e/ou uma política fiscal expansionista;

b. Existência de fatores que *obstruem os canais de transmissão da política monetária*, tornando-a pouco eficaz, o que termina por demandar dosagens excessivamente elevadas de aperto monetário (medido pela diferença entre a taxa de juros real efetiva e a taxa de juros de equilíbrio) para manter a inflação na meta;

c. Falta de *compromisso efetivo da autoridade monetária com a obtenção do centro da meta de inflação*, o que se expressa num certo grau de tolerância com desvios da inflação com respeito ao centro da meta, desde que a inflação permaneça dentro do intervalo de tolerância definido pelo regime de metas de inflação. Essa falta de compromisso pode ser decorrência da ausência de autonomia legal da autoridade monetária brasileira, tornando-a subserviente aos interesses político-eleitorais do poder Executivo.

---

6 No Brasil, é muito popular, principalmente entre os economistas de esquerda, a tese de que a taxa real de juros é elevada devido à captura da autoridade monetária, nesse caso, o Banco Central, pelos interesses dos rentistas e do mercado financeiro. Essa tese, por mais intuitiva que possa ser, e não duvidamos de que seja, não pode ser testada empiricamente; sendo, portanto, não falseável no sentido de Popper. Dessa forma, trata-se de uma tese que não tem respaldo no método científico.

Figura 2 — Evolução da taxa Selic over real (ex post) e da variação acumulada do IPCA em 12 meses (Jan. 2003–Set. 2017)

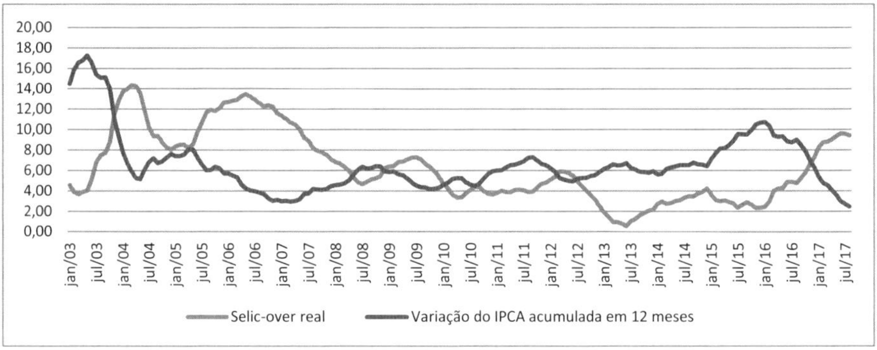

Fonte: IPEADATA. Elaboração própria.

Na Figura 2 podemos observar o comportamento da taxa real de juros de curto prazo (taxa Selic over deflacionada pela variação do IPCA acumulada em 12 meses) no período compreendido entre janeiro de 2003 e setembro de 2017. Tal como previsto pela lógica do funcionamento do regime de metas de inflação, pode se observar uma clara relação inversa entre a taxa real de juros e a taxa de inflação, ou seja, a elevação da taxa real de juros (em resposta a uma aceleração da inflação) é seguida, após certo hiato temporal, por uma redução da taxa de inflação.

O problema, no caso brasileiro, não são os ciclos de elevação e redução da taxa real de juros, pois trata-se de um expediente normal da política monetária; mas, sim, o elevado patamar da taxa real de juros prevalecente na economia brasileira. Com efeito, a média da taxa real de juros de curto prazo, no período 2003.01–2017.09, foi de 6,37% a.a. Esse elevado patamar da taxa real de juros, no entanto, mostrou-se compatível com uma taxa de inflação *sistematicamente superior* à meta de inflação definida pelo Conselho Monetário Nacional.

Para aprofundarmos a análise desse problema, tiramos a tendência exponencial (de ordem 6) da série da taxa Selic over real para o período em consideração. O resultado pode ser visualizado na Figura 3.

Figura 3 — Nível e tendência da taxa Selic over real (2003.01–2017.09)

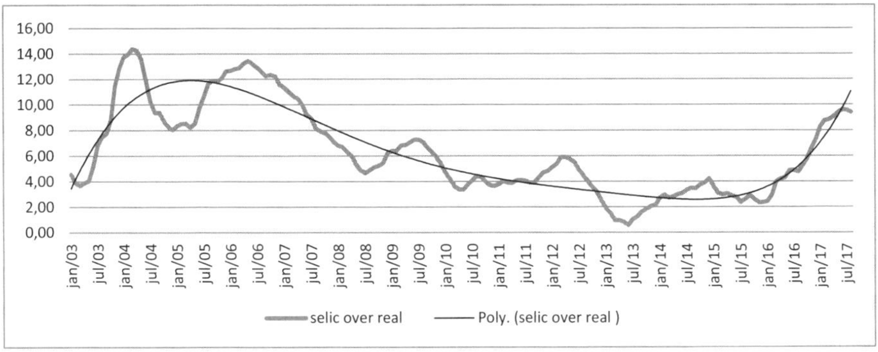

Fonte: IPEADATA. Elaboração própria.

A Figura 3 mostra a ocorrência de três fases distintas no comportamento tendencial da taxa real de juros de curto prazo. Na primeira fase, compreendida entre janeiro de 2003 e fevereiro de 2005, a taxa real de juros apresenta uma nítida tendência de elevação, reflexo dos elevados índices inflacionários observados no início do governo Lula. A segunda fase, compreendida entre março de 2003 e junho de 2015, caracteriza-se por uma tendência de redução da taxa real de juros. É durante essa fase que a Selic over real alcança o seu patamar mais baixo durante o período, atingindo 0,57% a.a. em junho de 2013. Na terceira fase, compreendida entre julho de 2015 e setembro de 2017, observa-se a retomada da tendência de elevação da taxa real de juros, que atinge 10% a.a. no segundo semestre de 2017, apesar da expressiva redução da taxa de inflação ocorrida no primeiro semestre.

A taxa de juros de equilíbrio da economia brasileira

Para entendermos o comportamento da tendência de longo prazo da Selic over, é necessário apresentar o conceito de taxa de juros neutra ou de equilíbrio. A literatura convencional sobre o tema define a taxa de juros neutra ou de equilíbrio como sendo o valor da taxa real de juros para o qual a taxa de inflação é mantida constante ao longo do tempo. Nos modelos macroeconômicos para economias fechadas, a taxa real de juros de equilíbrio é aquele valor para o qual o hiato do produto é igual a zero, ou seja, a economia opera com um nível de atividade igual ao potencial (Blinder, 1998, p. 32).

Para pequenas economias com conta de capitais aberta, como é o caso da economia brasileira, o conceito relevante de taxa de juros de equilíbrio não é aquele para o qual o hiato do produto é igual a zero, mas aquele que elimina os ganhos de arbitragem entre títulos domésticos e títulos estrangeiros. Se a conta de capitais for plenamente aberta, então, a taxa de juros de equilíbrio será igual à taxa de juros internacional. Caso existam restrições à mobilidade de capitais, como é o caso do Brasil, então devem ser acrescentados à taxa de juros internacional os prêmios de risco apropriados (Barbosa et al. 2016). Mais especificamente, deve-se acrescentar o prêmio de risco soberano e o prêmio de risco cambial.

A taxa de juros internacional de referência é a taxa de juros norte-americana, uma vez que os Estados Unidos são o principal centro financeiro mundial e o dólar é a mais importante moeda de reserva internacional. Mas qual taxa de juros devemos utilizar para o cálculo da taxa de juros de equilíbrio? A princípio, a taxa de juros relevante para esse fim seria a *fed funds rate*, que é a taxa fixada pelo comitê de política monetária (FOMC) do *Federal Reserve*, o Banco Central dos Estados Unidos. O problema é que no Brasil, a taxa Selic, fixada pelo Banco Central do Brasil nas reuniões do Copom, é também o indexador de uma parte expressiva dos títulos da dívida pública federal, mais especificamente, as Letras Financeiras do Tesouro (LFTs), conforme podemos observar na Tabela 1.

Tabela 1 — Dívida pública federal por indexador (% do total)

	Câmbio	TR	IGP	IPCA	Selic	Prefixado	Total
2003	10,8	1,8	11,2	2,4	61,4	12,5	100,0
2004	5,2	2,7	11,8	3,1	57,1	20,1	100,0
2005	2,7	2,1	8,2	7,4	51,8	27,9	100,0
2006	1,3	2,2	7,2	15,3	37,8	36,1	100,0
2007	1,0	2,1	6,5	19,8	33,4	37,3	100,0
2008	1,1	1,6	5,7	23,6	35,8	32,2	100,0
2009	0,7	1,2	5,0	23,6	35,8	33,7	100,0
2010	0,6	0,8	4,8	23,3	32,5	37,9	100,0
2011	0,6	0,8	4,2	25,4	30,8	38,3	100,0
2012	0,6	0,6	4,1	31,4	22,2	41,2	100,0
2013	0,6	0,5	4,1	32,0	19,5	43,3	100,0
2014	0,6	0,5	4,0	32,7	19,2	43,1	100,0
2015	0,7	0,4	3,7	30,6	23,6	41,0	100,0
2016	0,5	0,4	3,7	29,5	29,1	36,9	100,0
2017	0,4	0,3	2,9	28,2	32,5	35,6	100,0

Fonte: Banco Central do Brasil (2017).
(*) Dados referem-se à posição no mês de dezembro, exceto 2017 (outubro)

A existência de títulos da dívida pública indexados à taxa Selic gera um *problema de contágio da política monetária pela dívida pública* (Barbosa, 2006), fazendo com que a taxa de juros de curto prazo — determinada pelo Banco Central para regular a liquidez do mercado de reservas interbancárias e, assim, operacionalizar a política monetária com vistas à obtenção da meta de inflação — tenha que ser igual, em função das operações de arbitragem, à taxa de juros dos títulos da dívida pública federal. Dessa forma, a taxa de juros internacional relevante para a determinação da taxa de juros de equilíbrio da economia brasileira não é a *fed funds rate*, mas a taxa de juros dos títulos da dívida pública norte-americana cujo prazo de maturidade seja similar ao prazo médio de maturidade da dívida pública brasileira. Como a dívida pública brasileira tem um prazo médio de maturidade em torno de quatro anos, segue-se que a taxa de juros norte-americana mais apropriada para o cálculo da taxa de juros de equilíbrio é *a taxa de juros das T-Notes de 5 anos de maturidade*, cuja evolução pode ser visualizada na Figura 4.

Figura 4 — Evolução mensal da taxa real de juros (% a.a.) da T-Note de 5 anos, média móvel dos últimos 12 meses (2003.01–2016.07)

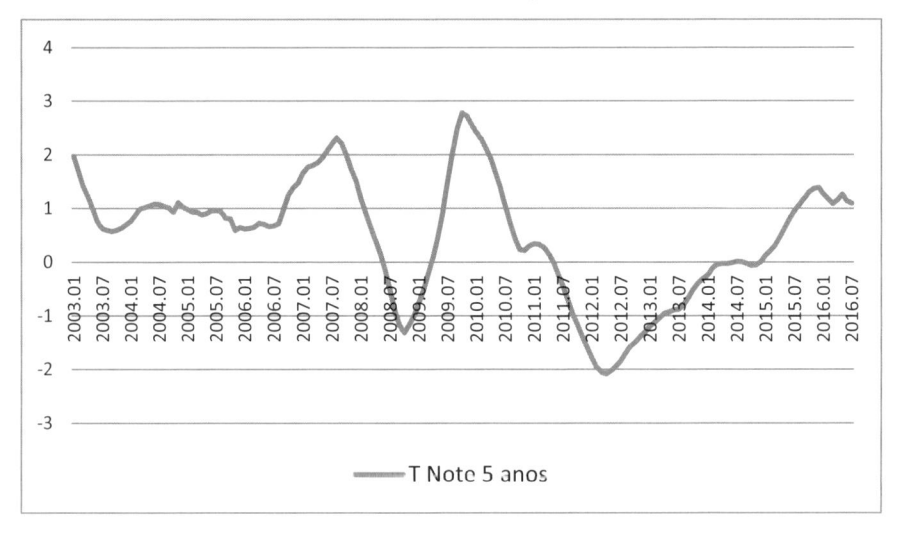

Fonte: IPEADATA. Elaboração própria. A taxa nominal de juros da T-Note de 5 anos foi deflacionada pela variação em 12 meses do IPC dos Estados Unidos.

Conforme podemos observar na Figura 4, a taxa real de juros das T-Notes de 5 anos apresentou uma expressiva variação durante o período em consideração, mas essas flutuações ocorreram em torno de um valor médio de 0,45% a.a. para todo o período. Além disso, a taxa real de juros das T-Notes de 5 anos permaneceu relativamente estável entre 2003 e 2007, período no qual a Selic over real apresentou uma clara tendência de redução. Ainda, a elevação observada na taxa real de juros das T-Notes de 5 anos, entre o final de 2014 e meados de 2016, em torno de 100 p.b., é muito inferior à magnitude da elevação observada da Selic over real no mesmo período de comparação. Daqui se segue que o comportamento da taxa real de juros de equilíbrio da economia brasileira não pode ser adequadamente explicado pelo comportamento da taxa de juros norte-americana de referência. Temos que olhar, então, para o comportamento do prêmio de risco soberano.

Uma boa *proxi* para o prêmio de risco soberano é dada pelo comportamento do EMBI + Brasil, que mede o *spread* entre os títulos soberanos brasileiros denominados em dólar relativamente aos títulos soberanos dos Estados Unidos, com igual prazo de maturidade. O comportamento do EMBI + Brasil para o período compreendido entre 01/01/2003 e 01/02/2016 pode ser visualizado pela Figura 5.

Figura 5 — Evolução do EMBI + Brasil (Jan. 2003–Fev. 2016)

Fonte: IPEADATA. Elaboração própria.

Na Figura 5, podemos observar que o prêmio de risco soberano, medido pelo EMBI + Brasil, apresentou uma nítida tendência de redução desde o primeiro semestre de 2003 até a eclosão da crise financeira internacional, após a falência do Lehman Brothers, no dia 15 de setembro de 2008. Às vésperas da crise de 2008, o prêmio de risco soberano do Brasil encontrava-se em torno dos 200 p.b. Em julho de 2008, a média móvel de 12 meses da taxa real de juros das T-Notes de 5 anos era negativa e igual a -0,52% a.a. Dessa forma, a taxa de juros real de equilíbrio da economia brasileira situava-se em torno de 1,48% a.a. Em julho de 2008, conforme podemos visualizar na Figura 3, a taxa Selic over real encontrava-se em 4,87% a.a., um valor muito superior ao patamar de equilíbrio.

Quando calculamos o valor médio do EMBI + Brasil e da taxa real de juros das T-Notes de 5 anos para o período 2003–2016, obtemos 323 b.p. e 0,45% a.a., respectivamente. Isso significa que a taxa real de juros de equilíbrio média para a economia brasileira durante o período em consideração é igual a 3,68% a.a. No mesmo período, contudo, a média da taxa Selic over real foi igual a 6,25% a.a., um valor quase 260 p.b. acima da taxa de juros de equilíbrio para a economia brasileira.

Tabela 2 — Determinantes da taxa de juros de equilíbrio da economia brasileira, média 2003–2016

	Média 2003–2016
Taxa real de juros das T-Notes 5 anos	0,45% a.a.
EMBI + Brasil	323 b.p.
Taxa de juros de equilíbrio	3,68% a.a.
Taxa Selic over real	6,25% a.a.
Aperto monetário	**2,57%**

Fonte: Elaboração própria.

Como, na média do período 2003–2016, a taxa Selic over real permaneceu (muito) acima da taxa de juros de equilíbrio da economia brasileira, segue-se que a manutenção da taxa de inflação num patamar sistematicamente maior do que a meta de inflação fixada pelo Conselho Monetário Nacional não pode ser atribuída à leniência da autoridade monetária com a inflação em patamares elevados.

Fontes de pressão inflacionária autônoma: Conflito distributivo e impulso fiscal

Com base na exposição feita até o momento, podemos avançar a hipótese preliminar de que existem mecanismos na economia brasileira que dificultam ou impedem a convergência da inflação para o centro da meta inflacionária, o que termina por obrigar o Banco Central, seguindo o protocolo do regime de metas de inflação, a manter a taxa real de juros em patamares excessivamente altos, com respeito ao seu valor de equilíbrio. A manutenção de uma política monetária estruturalmente contracionista tem por efeito colateral a apreciação da taxa real de câmbio, com efeitos deletérios sobre a competitividade da indústria de transformação e, por conseguinte, sobre o crescimento de longo prazo da economia brasileira.

Como foi dito anteriormente, um primeiro elemento para explicar a dificuldade de fazer a inflação convergir para a meta inflacionária consiste na existência de mecanismos de indexação de preços e salários combinados com a presença de conflito distributivo, o que cria uma pressão inflacionária autônoma na economia brasileira.

Desde 2007, o salário mínimo é reajustado anualmente com base na variação do IPC do ano anterior e no crescimento real do PIB observado dois anos antes. Essa regra de reajuste salarial tem dois problemas sérios. Em primeiro lugar, ela indexa o salário mínimo à inflação do ano anterior, aumentando, assim, o grau de inércia inflacionária existente na economia brasileira. Quanto maior for o grau de inércia inflacionária, maior será a dosagem de aperto monetário necessária para fazer com que a inflação convirja para o centro da meta. Em segundo lugar, essa regra dá um reajuste real para o salário mínimo que é superior ao crescimento da renda per capita. Como, no longo prazo, a renda per capita e a produtividade do trabalho devem crescer aproximadamente à mesma taxa, segue-se que a regra de reajuste do salário mínimo gera ganhos de salário real acima do crescimento da produtividade do trabalho. Visto que, no Brasil, a estrutura de salários está atrelada ao salário mínimo em função do assim chamado "efeito farol" (Neri, Gonzaga e Camargo, 2001), segue-se que a regra de reajuste do salário mínimo acaba contaminando toda a estrutura de salários com reajustes reais acima do ritmo de crescimento da produtividade.

A Figura 6 mostra a evolução da participação dos salários no PIB entre 2003 e 2013. Uma vez que a participação dos salários no PIB é, por definição, igual à razão entre o salário real e a produtividade do trabalho, decorre que, se os salários reais estiverem crescendo mais rapidamente do que a produtividade do trabalho, então a participação dos salários na renda deverá aumentar ao longo do tempo. Conforme podemos verificar na Figura 6, foi precisamente isso o que ocorreu no período 2003–2013.

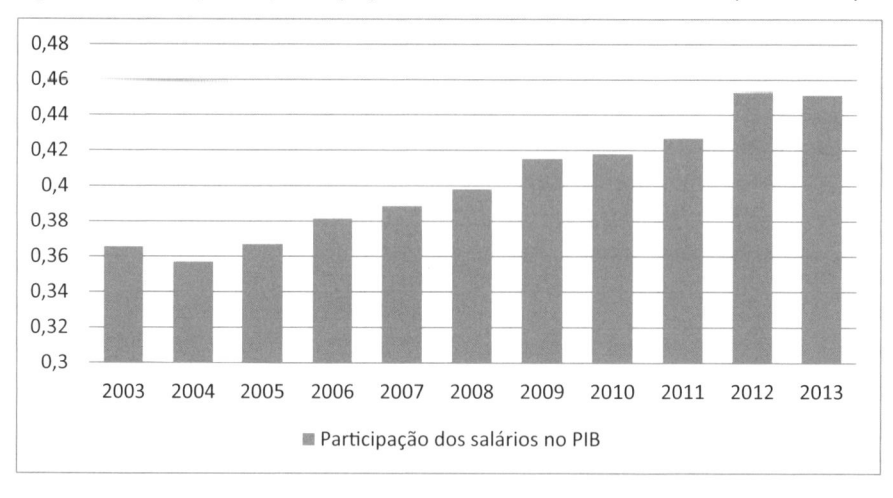

Figura 6 — Evolução da participação dos salários no PIB brasileiro (2003-2013)[7]

Fonte: Contas Nacionais e IPCA do IBGE.

---

7   A participação dos salários no PIB foi calculada a preços constantes de 2012. Os salários consistem nos salários dos empregados somados aos rendimentos dos trabalhadores autônomos, ambos deflacionados pelo IPCA. O PIB foi deflacionado pelo deflator implícito.

Salários crescendo acima da produtividade do trabalho geram dois tipos de problemas. Nos setores de bens transacionáveis, as firmas não têm como repassar (integralmente) os aumentos salariais para os preços, principalmente num contexto em que a taxa real de câmbio se encontra apreciada. Dessa forma, as margens de lucro das empresas que operam no setor de bens transacionáveis devem diminuir, o que tem efeito negativo sobre as suas decisões de investimento. Já nos setores de bens não transacionáveis, as empresas podem repassar, sem maiores dificuldades, os aumentos salariais para os preços, fazendo com que a inflação dos bens transacionáveis se acelere.

Na Figura, podemos observar a dinâmica da taxa de inflação medida pela variação do IPCA, bem como a sua composição entre preços livres e preços monitorados, para o período compreendido entre janeiro de 2004 e agosto de 2017. Os preços livres estão, por sua vez, divididos em dois grupos, a saber: preços livres transacionáveis e preços livres não transacionáveis.

Figura 7 — Evolução da variação do IPCA, dos preços livres comercializáveis, preços livres não comercializáveis e dos preços monitorados (% a.a.) para o período 2004.01–2017.08

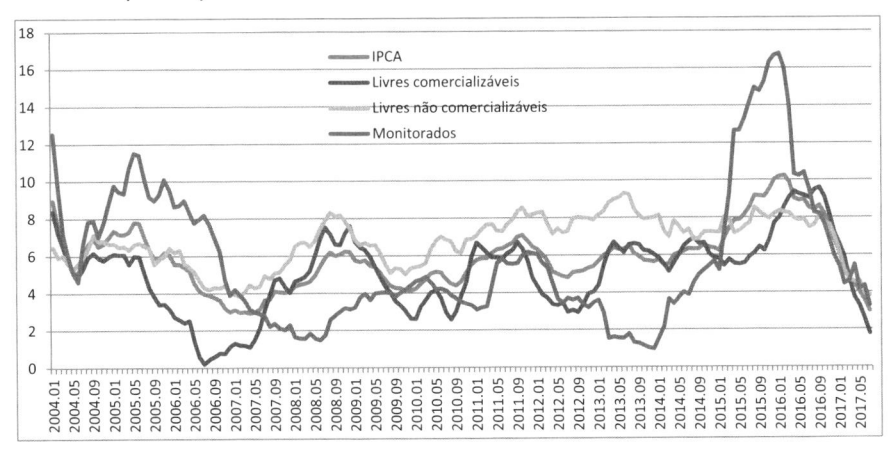

Fonte: IPEADATA. Elaboração própria.

Conforme podemos observar na Figura 7, a inflação dos preços livres não transacionáveis claramente acelera-se a partir de 2007, situando-se em torno de 8% a.a. a partir do início de 2011. Já os preços livres comercializáveis tiveram uma evolução bem mais modesta, permanecendo abaixo de 6% a.a. durante a maior parte do período. Com efeito, a inflação média dos preços livres não comercializáveis foi de 6,7% a.a., ao passo que a inflação média dos preços livres comercializáveis foi de 5,0% a.a., um valor 25% inferior ao verificado para os preços livres não comercializáveis. Por sua vez, os preços monitorados aumentaram 5,8% a.a. no período analisado, ficando, assim, num valor bastante próximo da taxa média de variação do IPCA.

Daqui se segue que a inflação medida pelo IPCA foi claramente puxada para patamares mais elevados em função do comportamento dos preços livres não comercializáveis, cuja dinâmica é fortemente influenciada pela regra de reajuste do salário mínimo, responsável por difundir aumentos salariais acima da produtividade do trabalho para a economia brasileira como um todo.

Outro fator que atuou no sentido de produzir uma pressão inflacionária autônoma sobre a economia brasileira no período em consideração foi a política fiscal. Para que se possa medir a contribuição da política fiscal para a dinâmica da demanda agregada, é necessário calcular o assim chamado *impulso fiscal*, que consiste na diferença entre o resultado primário estrutural no ano t e o resultado primário estrutural do ano t-1, multiplicado por -1. Assim, quando o resultado primário estrutural do ano t for maior do que o resultado do ano t-1, o impulso fiscal será negativo, ou seja, a política fiscal será, portanto, contracionista, contribuindo, dessa forma, para o agravamento do quadro recessivo; do contrário, o impulso fiscal será positivo e a política fiscal será expansionista. O resultado primário estrutural é definido, por sua vez, como o resultado primário que é compatível com o PIB ao nível potencial, com os preços dos ativos ao nível de equilíbrio de longo prazo e descontado dos efeitos das receitas não recorrentes (SPE, 2016).

A Tabela 3 apresenta o comportamento do resultado primário estrutural do setor público e do impulso fiscal para o período 2002–2015. Conforme podemos verificar nela, o impulso fiscal foi claramente positivo no período 2006–2014, exceto em 2011, no primeiro ano do governo Dilma, quando foi promovido um ajuste fiscal forte, mas de caráter temporário. Na média do período 2011–2015, o impulso fiscal foi positivo em 0,26% do PIB, caracterizando, assim, uma postura claramente *expansionista* para a política fiscal.

Tabela 3 — Resultado primário estrutural e impulso fiscal

	Resultado Primário Estrutural (%PIB)	Impulso Fiscal
2002	2,36	
2003	3,8	-1,44
2004	3,49	0,31
2005	3,82	-0,33
2006	3,39	0,43
2007	2,91	0,48
2008	2,77	0,14
2009	2,52	0,25
2010	1,7	0,82
2011	2,16	-0,46
2012	1,41	0,75
2013	0,14	1,27
2014	-2,02	2,16
2015	-0,99	-1,03
Média	1,96	0,26

Fonte: SPE (2016). Elaboração própria.

Fontes de ineficácia da política monetária: a relação entre o mercado de dívida pública e a política monetária no Brasil[8]

Outro elemento que contribui para a manutenção da taxa de inflação em patamares superiores ao centro da meta inflacionária é a existência de obstruções nos canais de transmissão da política monetária. Os canais de transmissão da política monetária são os mecanismos de propagação pelos quais as variações da taxa de juros de curto prazo efetuadas pela autoridade monetária afetam o nível de atividade econômica, o emprego e a inflação. Caso um ou mais canais de transmissão estejam obstruídos, a política monetária perderá eficácia, o que se manifestará em termos de: (i) dificuldades no processo de convergência da inflação com respeito à meta e (ii) manutenção da taxa de juros real acima do seu patamar de equilíbrio por um longo período.

O efeito riqueza é um dos canais de transmissão da política monetária. Ele opera da seguinte forma: mudanças na política monetária afetam o valor dos ativos (títulos públicos e moeda estrangeira) que, por sua vez, afetam os gastos dos consumidores com serviços e bens de consumo (Ludvigson, Steindel e Lettau, 2002).

Tal efeito, contudo, opera de forma inexpressiva ou até mesmo perversa na economia brasileira. O fator determinante desse problema é a grande participação de títulos pós-fixados, mais especificamente as Letras Financeiras do Tesouro (LFT), na composição da dívida líquida do setor público, doravante denominada DLSP[9].

A característica peculiar desses títulos, que são indexados pela taxa Selic, acaba por diminuir a eficácia da política monetária, exigindo uma dosagem maior de aperto monetário para a obtenção das metas de inflação.

---

8   Esta seção baseia-se largamente em Amaral e Oreiro (2008).

9   A participação desses títulos na DLSP chegou a atingir 54,3% em outubro de 2005.

Ao se retirar o efeito riqueza como um canal de transmissão da política monetária, mudanças na taxa de juros deixam de ter o efeito contracionista desejado. Ainda, dependendo da participação das LFTs no estoque da dívida e da disponibilidade da autoridade monetária em recomprar títulos pré-fixados ou trocá-los por LFTs em momentos de crise, o efeito de mudanças na taxa de juros pode ser o inverso do esperado. Isso pode ocorrer pelos simples fato de que, ao se retirar o efeito riqueza, elevações da taxa de juros atuarão somente no sentido de valorização dos ativos, dada a característica de *duration* zero das LFTs[10].

O processo de formação de preço da LFT ocorre de acordo com a seguinte metodologia[11]: a) calcula-se a cotação do título, que é dada de acordo com a taxa de ágio ou deságio exigida pelo mercado[12]; b) atualiza-se o valor nominal de acordo com um fator de atualização que é dado pela taxa Selic acumulada entre uma data-base e a data de compra do título; c) projeta-se o valor nominal para a data de liquidação, que, no caso das LFTs, é diária e, portanto, o título será diariamente corrigido pela taxa Selic corrente e d) o preço unitário é dado pelo produto da cotação pelo valor nominal projetado.

1) $\text{Cotação}\% = \dfrac{100}{(1+i)^{DU/252}}$

3) $VNA = R\$1000 * \text{atualização}$

4) $VNA / \text{projetado} = VNA\left[(1+SELIC)\right]^{(1/252)}$

5) $PU = VNA / \text{projetado} * \text{Cotação}\%$

---

10 A *duration* diferencia-se do prazo do título, sendo o primeiro o efeito da taxa de juros sobre o preço do título e o segundo o próprio prazo temporal de emissão do ativo.

11 Essa metodologia de cálculo do preço das LFTs pode ser encontrada no manual do Tesouro Nacional sobre a metodologia de cálculo dos títulos públicos ofertados.

12 Dado que a taxa Selic representa um custo de oportunidade para os agentes, a taxa de deságio tende a estar muito próxima de zero, elevando-se em momentos de *stress*.

onde:

a. PU é o preço unitário da LFT;
b. Cotação é o coeficiente de correção do preço em função do ágio ou deságio;
c. (i) é taxa anual de ágio ou deságio aplicada para o vencimento do ativo;
d. VNA é o valor nominal do título atualizado pela Selic média acumulada (atualização);
e. VNA projetado é o valor nominal, já atualizado, na data de liquidação do título, que, no caso das LFTs, é diária;
f. DU consiste nos dias úteis acumulados entre a data atual até o vencimento do ativo[13];
g. Atualização é a correção do valor nominal do título entre a data-base e a data de compra.

É importante observar que um aumento da taxa Selic não exerce nenhum impacto negativo sobre o preço do ativo; pelo contrário, como o valor nominal é atualizado pela taxa básica, elevações da Selic impactam positivamente o preço unitário do título. Dessa forma, o efeito de uma elevação da taxa Selic sobre o preço do título, apesar de positivo, será próximo de zero. Essa elasticidade do preço de um título dada uma mudança percentual no fator de desconto é a já definida *duration* do ativo, mais conhecida como *Duration de Macauley*.

No caso das LFTs, como pode ser visto através do processo de formação de preço do título, elevações dos juros não acarretam perdas para o investidor e, portanto, o tempo necessário para que não haja perdas pelo movimento dos juros (duração) é zero. Como a recontratação é diária,

---

13 A data em que ocorre o vencimento não é contada.

além de não haver perda de capital, o título estará sendo sempre remunerado pela taxa de juros corrente[14].

A característica aqui denominada "recontratação diária" ocorre devido à peculiaridade existente na determinação do preço unitário das LFTs, que têm seu valor indexado à Selic diária. Portanto, sendo nula a duração das LFTs, não há a ocorrência do chamado efeito riqueza derivado de elevações da taxa de juros. Ao contrário do que ocorre com os títulos pré-fixados, por exemplo, onde aumentos da taxa Selic diminuem o preço de mercado do título e, portanto, "tornam os detentores de tais ativos mais pobres", no caso das LFTs esse mecanismo inexiste.

A perda da eficácia da política monetária, derivada em parte da grande participação de LFTs na DMFi, pode ser um importante motivo na explicação da dificuldade de se reduzir a taxa básica de juros no Brasil para patamares condizentes com o seu valor de equilíbrio. Ao oferecer aos agentes um título sem risco de taxa e com alta rentabilidade que, por sua vez, é demandado majoritariamente por fundos de investimento na composição de seus fundos DI, estimula-se um efeito deslocamento dos investimentos privados por aplicações financeiras atreladas às LFTs.

Sendo assim, a riqueza financeira tende a concentrar-se em aplicações de curto prazo referenciadas na taxa do *overnight*. Isso se deve ao simples fato de que as LFTs fornecem um *hedge* contra choques imprevistos na taxa de juros, o que imuniza o sistema financeiro do efeito dos juros mais altos (Moura, 2006). Além disso, dificultam a ampliação do mercado de crédito a taxas mais acessíveis — já que a Selic opera como um custo de oportunidade. Assim, retiram eficácia da política monetária também

---

14 O Banco Central do Brasil define a duração das LFTs como 0,03, ou seja, é considerado que tal título tem a duração de um dia (1/30). A recontratação do preço de uma LFT realiza-se em bases diárias pela taxa média do sistema especial de liquidação e custódia, sendo a mesma apurada pelo Banco Central com base nos preços de negociação diários dos títulos públicos federais (Moura, 2006).

sobre esse mecanismo de transmissão, além de poderem estimular um comportamento perverso no mercado de crédito.

Nesse contexto, a demanda pelos títulos pré-fixados passa a ser predominantemente especulativa, onde expectativas de novas elevações da taxa de juros básica restringem a continuidade do processo de alongamento e elevação da duração da dívida. Portanto, o mecanismo do efeito riqueza perde força justamente no momento mais necessário, quando a taxa básica tem de ser elevada por qualquer motivo.

A peculiaridade das LFTs, no que se refere ao seu mecanismo de formação de preço, bem como sua majoritária participação na DMFi, gera uma série de problemas para a obtenção de uma política monetária com maior eficácia. Além de eliminar parte do efeito riqueza da política monetária e, ainda, poder gerar um efeito renda positivo, a existência de tais títulos faz com que a riqueza financeira concentre-se predominantemente no curto prazo, o que desestimula o desenvolvimento do mercado de capitais, atuando, assim, de forma indireta para a manutenção dos *spreads* bancários em patamares elevados.

Dessa forma, a existência das LFTs, ao oferecer uma garantia aos investidores de uma aplicação de um dia feita repetidamente, não só dificulta uma queda mais expressiva e continuada dos juros no país, como atua também negativamente sobre o crescimento econômico. Dadas essas duas consequências, a própria queda da dívida pública como proporção do PIB fica comprometida.

A manutenção das LFTs, criadas no Plano Cruzado e mantidas até hoje como os principais indexadores da dívida pública, precisa ser revista urgentemente. Essa manutenção não é condizente com a estabilidade de preços e a construção de uma economia com sólidos fundamentos. Como bem define Carneiro (2006), se os ganhos obtidos nos últimos anos com a estabilidade de preços não forem suficientes para baixar os juros, então os efeitos da vitória sobre a inflação serão parcialmente devolvidos.

Em suma, a elevação da duração da dívida, que depende da eliminação das LFTs como principal indexador, é condição necessária para que se possa aumentar a eficácia da política monetária. Tal mudança pode, inclusive, possibilitar que choques adversos sobre a inflação possam ser combatidos com menores custos fiscais, viabilizando a retomada de investimentos públicos essenciais.

Controvérsias recentes sobre a teoria e a prática da política monetária no Brasil: uma crítica aos argumentos de Lara Resende (2017)

A manutenção da taxa de juros de curto prazo — a Selic — em patamares elevados, tanto em termos nominais como em termos reais, desde o início do Plano Real, tem suscitado, entre os economistas brasileiros, um debate intermitente a respeito das causas dessa anomalia tipicamente brasileira. Há um consenso entre os macroeconomistas de que a política monetária no Brasil é ineficaz, ou seja, demanda uma dosagem extremamente elevada de juros para conseguir manter a taxa de inflação *razoavelmente* dentro das metas definidas pelo Conselho Monetário Nacional. O consenso, contudo, desaparece quando se discutem as causas dessa ineficiência. Enquanto um grupo de macroeconomistas credita essa ineficiência à credibilidade imperfeita do regime de metas de inflação no Brasil — derivada da ausência de autonomia formal da autoridade monetária —, outros explicam essa ineficiência por conta da permanência de instituições e práticas do período de inflação alta, notadamente a indexação de contratos com base na inflação passada e a existência de títulos públicos pós-fixados ou selicados (Oreiro et al., 2012).

Recentemente ocorreu um recrudescimento desse debate em função da publicação do artigo "Juros e Conservadorismo Intelectual" (2017a) por André Lara Resende no Valor Econômico. Segundo Lara Resende, os desenvolvimentos recentes da teoria macroeconômica — notadamente a partir das controvérsias a respeito da melhor forma de os bancos centrais lidarem com o problema da "armadilha da liquidez" — teriam levado a ortodoxia nos Estados Unidos a rever a relação de causalidade entre juros e inflação.

Os bancos centrais dos países desenvolvidos reagiram à crise financeira internacional de 2008 por intermédio de uma flexibilização sem precedentes da política monetária, a qual levou rapidamente as taxas nominais de juros de curto prazo para o seu limite inferior de zero por cento, configurando, assim, uma situação típica de "armadilha da liquidez". Como se sabe, numa situação de armadilha da liquidez, a política monetária perde a sua eficácia, haja vista que a taxa de juros sobre os títulos públicos, ativos com os quais as autoridades monetárias conduzem suas operações de *open market*, não podem se tornar negativas, pois a taxa de juros própria da moeda é igual a zero. Os efeitos persistentes da crise de 2008 somados à falta de vontade e/ou incapacidade de se executarem políticas fiscais expansionistas nos países desenvolvidos pressionaram os bancos centrais a desenvolverem formas alternativas de condução da política monetária que pudessem contornar o problema do "limite inferior" da taxa nominal de juros de curto prazo.

Uma das formas encontradas pelos Bancos Centrais foi a assim chamada *forward guidance* ou *direcionamento futuro*, em que a autoridade monetária anuncia que manterá a taxa de juros de curto prazo num nível muito baixo por um período muito longo. O objetivo dessa política seria moldar as expectativas dos agentes econômicos a respeito dos valores futuros da taxa de juros de curto prazo de forma a produzir uma redução consistente da taxa de juros de longo prazo, na hipótese de que seja válida a *teoria das expectativas da estrutura a termo da taxa de juros*[15]. Dessa forma, o Banco Central poderia obter uma redução da taxa de juros de longo prazo sem precisar reduzir a magnitude da taxa de juros de curto prazo, que estaria limitada pelo "limite inferior" de zero por cento.

O argumento de Lara Resende é que tal procedimento, num contexto em que os agentes formam suas expectativas com base na hipótese de expectativas racionais, os levaria a antecipar uma redução exatamente proporcional da taxa de inflação. Isso porque, com base na equação de Fisher, a taxa nominal de juros é igual à taxa real de juros mais a expectativa de inflação [ver equação (1)]. Supondo que a taxa real de juros é determinada na esfera real da economia, sendo independente da política monetária, uma redução da taxa nominal de juros deverá levar a uma redução exatamente proporcional das expectativas de inflação. Como no mundo das expectativas racionais os agentes não podem cometer erros sistemáticos de previsão, segue-se que a redução da taxa nominal de juros por parte da autoridade monetária levará a uma redução da taxa de inflação de equilíbrio. Então, "inverte-se assim a clássica relação entre juros e inflação" (Lara Resende, 2017b, p. 12), ou seja, uma taxa de juros nominal mais baixa (mais alta) levaria a uma inflação mais baixa (mais alta) no longo prazo.

$$R = r + E\pi \quad (1)$$

Onde: R é a taxa nominal de juros, r é a taxa real de juros e $E\pi$ é a taxa esperada de inflação.

Quais as implicações dessa discussão para o caso brasileiro? Como vimos no início do artigo, existe um consenso entre os macroeconomistas a respeito da pouca eficácia da política monetária, ou seja, de que no Brasil a

---

15 Segundo essa teoria, a taxa de juros de longo prazo nada mais é que a *média geométrica* da taxa de juros de curto prazo corrente e as expectativas a respeito do valor futuro da taxa de juros de curto prazo ao longo do prazo de maturidade de um título. A esse respeito, ver Blanchard (2007, cap. 15).

inflação é pouco sensível às variações da taxa de juros. Dessa forma, a autoridade monetária é obrigada a manter a taxa de juros nominal num patamar elevado por um período de tempo bastante prolongado, na esperança de, com isso, conseguir fazer com que a inflação convirja para os patamares definidos pelo regime de metas de inflação. O problema ressaltado por Lara Resende (2017b, p. 13) é que, em tais condições, as expectativas de inflação terminarão por acompanhar a taxa de juros fixada pelo Banco Central, tornando inócua a tentativa da autoridade monetária de reduzir a taxa de inflação por intermédio de elevações da taxa nominal de juros. Como "os efeitos secundários negativos [da elevação da taxa de juros] são graves, debilitam e impedem a recuperação do paciente que agora se encontra na UTI", segue-se que o bom senso indica a necessidade "de reduzir rapidamente a dosagem", ou seja, o patamar da taxa nominal de juros.

Essa conclusão foi criticada por Lisboa e Pessoa (2017) e Loyo (2017) numa sequência de artigos publicados no *Valor Econômico*. Para Lisboa e Pessoa, o argumento de Lara Resende depende criticamente da hipótese de que os agentes econômicos supõem que "os juros reais permanecerão estáveis, apesar dos maiores juros nominais e que essa crença seja compartilhada por todos" (p. 11). Ora, supor que variações na taxa nominal de juros não têm efeito sobre a taxa real de juros é o mesmo que dizer que a política monetária é neutra mesmo no curto prazo, o que contraria a vasta evidência empírica disponível sobre o tema (Walsh, 2010, cap. 1)[16]. Além disso, segundo os autores, "nada indica que [essa] conjectura seja válida para a economia brasileira", pois "a nossa maior taxa de inflação convive com uma elevada taxa real de juros, o que vai de encontro à motivação do debate sobre política monetária nos países desenvolvidos, onde as dificuldades decorrem de juros reais perto de zero" (Lisboa e Pessoa, 2017, p. 11).

---

16 Este seria o caso na hipótese de os agentes formarem expectativas racionais sobre π de tal modo que qualquer movimento na oferta de moeda seria incapaz de modificar a taxa real de juros (hipótese forte de expectativas racionais).

Para Loyo (2017), a conclusão neofisheriana de que o juro nominal alto causa inflação alta decorre do erro de se considerar a taxa nominal de juros como uma variável exógena, determinada de forma discricionária pelo Banco Central. Embora a autoridade monetária seja capaz, em regimes de moeda fiduciária, de determinar o valor da taxa nominal de juros de curto prazo a cada momento do tempo, ela não faz isso de forma totalmente exógena, mas ajustando o valor da taxa nominal de juros de forma a fazer com que a taxa de inflação convirja para uma meta numérica no médio prazo, a qual pode ser implícita (como no caso do Federal Reserve) ou explícita (como no caso dos países que adotam o regime de metas de inflação). Em outras palavras, Bancos Centrais fixam a taxa de juros nominal com base em alguma regra de taxa de juros, a qual garante que, sob certas condições, um aperto monetário será seguido por juros nominais menores e inflação mais baixa no médio prazo.

Consideremos que o Banco Central de Lisarb fixe o valor da taxa nominal de juros com base na seguinte equação:

$$R = \left(r + \pi^M\right) + k\left(\pi - \pi^M\right) \quad ; k > 1 \quad (2)$$

Onde: π^M é a meta de inflação fixada pela autoridade monetária e π é a taxa de inflação corrente.

Por fim, desconsiderando a ocorrência de choques aleatórios, a hipótese de expectativas racionais equivale à previsão perfeita. Dessa forma, temos que:

$$E\pi = \pi \quad (3)$$

Substituindo (3) em (1), chega-se à seguinte expressão:

$$R = r + \pi \quad (1a)$$

O sistema formado pelas equações (1a) e (3) tem duas incógnitas (R e π) e duas equações linearmente independentes. As variáveis exógenas são a taxa real de juros, r, determinada pelo lado não monetário da economia[17] e a meta inflacionária (fixada pelo Banco Central). Trata-se, portanto, de um sistema determinado.

Nesse sistema, a única posição de equilíbrio possível para a economia é aquela em que a taxa de inflação é igual à meta definida pela autoridade monetária, ou seja, $\pi = \pi^M$, pois, pela equação (2), se π divergir sistematicamente de π^M, a taxa nominal de juros ficará indeterminada Dessa forma, a taxa nominal de juros de equilíbrio será dada por:

$$R = r + \pi^M \quad (4)$$

Na equação (4) observamos que, em equilíbrio, a taxa nominal de juros deverá ser igual à soma entre a taxa real de juros e a meta de inflação. Verificamos aqui a *inversão da relação de causalidade* proposta por Lara Resende. Com efeito, ao definir a meta de inflação que deve ser perseguida no médio prazo, a autoridade monetária perde "graus de liberdade" para fixar ao seu bel-prazer a taxa nominal de juros. Esta deve ser uma variável endógena no médio prazo de forma a viabilizar a obtenção da meta de inflação, do contrário, o sistema ficaria sobredeterminado, ou seja, teria mais incógnitas que equações independentes. Sendo assim, metas de inflação mais altas são acompanhadas por taxas nominais de juros mais elevadas no médio prazo, e não o contrário. Em outras palavras, não seria a taxa nominal de juros mais elevada o fator que provocaria uma inflação mais alta, mas, sim, uma meta de inflação mais elevada é que levaria à necessidade de uma taxa nominal de juros mais elevada.

---

17   Ou seja, pelas preferências intertemporais dos agentes econômicos e pela produtividade do capital.

A análise da controvérsia recente sobre a relação de causalidade entre a taxa nominal de juros e a taxa de inflação não parece ser muito favorável à posição defendida por Lara Resende. Com efeito, a ideia de que uma elevação da taxa nominal de juros resulta num aumento da inflação a médio prazo baseia-se numa interpretação equivocada a respeito dos graus de liberdade de que a autoridade monetária dispõe para fixar a taxa nominal de juros. A interpretação de Lara Resende pressupõe que a taxa nominal de juros é uma *variável exógena* ao sistema econômico, em vez de resultar de um processo no qual a autoridade monetária manipula os instrumentos de política monetária (nesse caso, a taxa de juros) com vistas à obtenção de um determinado objetivo, no caso em questão, uma meta numérica para a taxa de inflação.

Mas essa não é a única linha de argumentação seguida por Lara Resende. Quando analisa o caso brasileiro, Lara Resende (2017a) afirma que o juro alto pode agravar o desequilíbrio fiscal de tal forma a torná-lo contraproducente. Trata-se do velho problema da *dominância fiscal*, analisado pioneiramente por Sargent e Wallace (1981), que consiste na incapacidade da autoridade monetária em conduzir a política monetária de forma autônoma — isto é, com vistas ao controle de inflação — devido ao desequilíbrio fiscal permanente. Nessa situação, mesmo que o Banco Central tente reduzir a inflação por intermédio de um aumento da taxa de juros, as expectativas de inflação não cederão porque os agentes antecipam que, em algum momento no futuro, o financiamento monetário do deficit público será requerido e, consequentemente, a inflação terá que subir[18]. Nesse contexto, juros nominais mais altos hoje significam inflação mais alta no futuro. Sob certas condições, podem inclusive significar inflação mais alta hoje.

---

18 Isso é tão mais verdade quanto mais forte for a hipótese de expectativas racionais. Assim, uma política fiscal expansionista, na visão de Sargent e Wallace, levaria a uma elevação da taxa de juros já no presente, mesmo que o governo não produza uma situação de deficit primário — ou deficit nominal —, posto que os agentes anteciparam a maior inflação future provocada por tal política.

Esse argumento parece mais promissor que o primeiro, pois não implica considerar a taxa nominal de juros como uma variável exógena ao sistema econômico. A relação de causalidade entre juros nominais e inflação passa a decorrer da existência de um desequilíbrio fiscal, o qual impossibilita a condução da política monetária com vistas à obtenção de uma meta de inflação. Sob dominância fiscal, a autoridade monetária precisa fornecer a *senhoriagem* necessária para o atendimento da restrição orçamentária intertemporal do governo. Elevações da taxa de juros, nesse contexto, resultarão apenas em taxas de inflação mais elevadas, haja vista a necessidade de uma maior receita de senhoriagem para fazer frente ao aumento dos serviços da dívida pública.

Mas será que o Brasil tem realmente um problema de dominância fiscal? Em função do desequilíbrio fiscal produzido e gestado pelo governo Dilma Rousseff, a capacidade do setor público de gerar superavits primários, na magnitude suficiente para manter estável a relação dívida pública bruta/PIB, foi eliminada. Como consequência disso, essa relação entrou numa trajetória ascendente, que só deve ser revertida depois de 2021. Até lá, a dívida pública pode chegar a 84,3% do PIB[19]. Como a razão superavit primário/PIB que é requerida para estabilizar a dívida pública é função (entre outras variáveis) do tamanho da dívida pública, não podemos descartar, a priori, a possibilidade de ocorrência de dominância fiscal no futuro caso o superavit primário requerido para a estabilização da dívida pública mostre-se econômica ou politicamente inviável[20].

---

19   Estimativas da Instituição Fiscal Independente. Ver *Valor Econômico*: "Fazenda e órgão ligado a Senado divergem sobre cenário fiscal", 3 de fevereiro de 2017.

20   Deve-se observar que o problema da relação dívida/PIB no Brasil é tão mais grave porque o país, como mostram Oreiro et al. (2012), ainda tem muitos elementos associados a um passado de elevada inflação. Nesse contexto, a desconfiança a respeito da capacidade de pagamento da dívida pelo governo é mais crítica. Some-se a isso o fato de que o prazo médio de rolagem da dívida pública brasileira é assaz curto quando se compara com países semelhantes, o que faz com que a elevação dessa relação obrigue o governo a gerar uma receita elevada — e cada vez mais elevada — de senhoriagem, com impactos perversos sobre a estabilidade da relação dívida/PIB.

Essa não é, contudo, a situação atual no Brasil. Os mercados financeiros aparentemente compraram a ideia de que as reformas que estão sendo feitas pelo governo Temer (a PEC 241/55 e a reforma de previdência) serão capazes de, num futuro não muito distante, reverter a trajetória da dívida pública como proporção do PIB, sem que seja necessário recorrer ao financiamento monetário do déficit. O resultado disso é que as expectativas de inflação para os próximos anos já estão razoavelmente ancoradas no centro da meta de inflação (BCB, 2017). Sendo assim, não parece razoável creditar à dominância fiscal a persistência dos juros no Brasil em patamares elevados.

O modelo macroeconômico neokeynesiano — tal como apresentado em Carlin e Soskice (2006) — mostra que o patamar da taxa de juros pode ser explicado por dois componentes. O primeiro é o *juro real neutro ou de equilíbrio*, ou seja, aquele que é compatível com uma taxa de inflação constante ao longo do tempo[21]. A taxa juros de equilíbrio não é constante ao longo do tempo, mas varia a depender do comportamento da taxa de juros internacional e dos prêmios de risco correlatos (Barbosa et al. 2016). O segundo componente é a dosagem de juros que é requerida para fazer com que, no médio prazo, a inflação convirja para a meta definida pela autoridade monetária (ver Oreiro et al., 2012, p. 561).

---

21 Numa pequena economia aberta, como é o caso do Brasil, a taxa de juros de equilíbrio ou neutra é igual à taxa de juros internacional acrescentada do prêmio de risco-país e do prêmio de risco devido às flutuações imprevistas na taxa de câmbio (Barbosa et al., 2016). No caso brasileiro, o cálculo da taxa de juros de equilíbrio deve também levar em conta o fato da existência de títulos públicos indexados à taxa de juros Selic, as assim chamadas Letras do Tesouro Nacional, as quais dominam as reservas bancárias por pagarem juros, terem liquidez imediata e seu preço não ser afetado pela taxa de juros (Barbosa, 2006). Dessa forma, deve-se acrescentar ao cálculo da taxa de juros neutra ou de equilíbrio um prêmio de liquidez (λ_t) como remuneração adicional a ser paga pelos títulos não selicados para compensar a sua menor liquidez relativamente às LTNs. Dessa forma, a taxa de juros neutra ou de equilíbrio é dada pela seguinte expressão: $\bar{r}_t = r_t^* + \gamma_t + \tau_t + \lambda_t$, onde γ_t é a taxa real de juros internacional; γ_t é o prêmio de risco-país; τ_t é o prêmio de risco cambial; e λ_t é o prêmio de liquidez.

Lara Resende (2017a) mostra-se perplexo com o patamar dos juros no Brasil no contexto da profunda recessão em que se encontra. Não vemos motivo para isso, pois esse patamar de juros pode ser perfeitamente explicado pelo modelo neokeynesiano[22]. A taxa real de juros no Brasil apresentou uma queda continuada entre 2003 e 2012 em função da redução observada da taxa de juros neutra ou de equilíbrio, como resultado da expressiva redução do prêmio de risco-país, da redução do cupom cambial e da redução da taxa real de juros internacional em função dos efeitos da crise financeira de 2008 (Barbosa et al., 2016, p. 409). Após 2013, a taxa de juros neutra começa a se elevar em função do aumento da taxa real de juros internacional e do aumento do prêmio de risco-país, reflexo dos desequilíbrios fiscais crescentes observados na economia brasileira. Além disso, em 2015, a economia brasileira sofreu uma série de choques de oferta (realinhamento dos preços dos combustíveis e das tarifas de energia, maxidesvalorização da taxa de câmbio, dentre outros) que fizeram com que a inflação ficasse muito acima do teto do regime de metas de inflação.

Nesse contexto, o Banco Central, seguindo o protocolo do regime de metas de inflação, deve elevar a taxa real de juros acima do nível neutro ou de equilíbrio, o qual já vinha num processo de elevação gradual pelos motivos anteriormente descritos. Esse aumento será tão maior quanto (i) menor a sensibilidade da inflação ao hiato do produto; (ii) menor a sensibilidade da demanda agregada às variações da taxa de juros e (iii) maior

---

[22] Barbosa et al. (2016) mostram que a taxa de juros neutra ou de equilíbrio na economia brasileira apresentou um processo de redução gradual no período 2003–2012 em função da (i) redução do prêmio de risco-país após o início do primeiro mandato do presidente Lula; (ii) da redução do cupom cambial após 2009 e (iii) da redução da taxa de juros internacional após a eclosão da crise financeira internacional. Em função desses desdobramentos, a taxa real de juros de equilíbrio no Brasil se reduziu para um patamar próximo de 2% a.a. em 2012. A partir de 2013, contudo, o aumento observado no prêmio de risco-país, no cupom cambial e na taxa real de juros internacional levou a uma elevação da taxa de juros de equilíbrio, que alcançou o patamar próximo de 6% a.a. no final de 2015.

a aversão da autoridade monetária aos desvios da inflação com respeito à meta.

A literatura que Lara Resende afirma não ser capaz de dar uma resposta convincente para o problema dos juros no Brasil — na qual se inclui Oreiro et al. (2012) — aponta precisamente para o fato de que no Brasil (a) a *inflação é pouco sensível ao hiato do produto* (devido à indexação de preços e salários, notadamente o salário mínimo, à inflação passada) e (b) *a demanda agregada é pouco sensível às variações da taxa de juros* devido à existência de títulos públicos indexados à taxa de juros — as famosas Letras do Tesouro Nacional —, o que diminui o efeito riqueza da política monetária, reduzindo, assim, a sua eficácia. Esses fatos não apenas aumentam a dosagem de taxa de juros que é requerida para fazer com que a inflação convirja para a meta definida pelo Conselho Monetário Nacional, como ainda afetam a taxa de juros neutra ou de equilíbrio por intermédio do prêmio de liquidez que os investidores exigem para adquirir títulos que não sejam indexados às variações da taxa Selic.

Como nada foi feito no Brasil nos últimos 20 anos para eliminar essas distorções (pelo contrário, o grau de indexação da economia foi aumentado nos últimos anos com a institucionalização da regra de reajuste do salário mínimo e com o aumento das operações compromissadas, o que elevou a parcela da dívida pública que é atrelada à Selic), não é de se estranhar a persistência da taxa de juros em patamares elevados. A esses fatores devemos somar a surpreendente mudança de atitude do Banco Central com respeito aos desvios da inflação em relação ao centro da meta após a substituição de Tombini por Ilan Goldfajn na presidência do Banco Central. Com Goldfajn, o BCB ficou "mais conservador", ou seja, menos tolerante com o desvio da inflação com respeito à meta. De acordo com o modelo neokeynesiano, essa mudança de preferências impõe necessariamente uma dosagem maior de taxa de juros.

O problema dos juros no Brasil, enfim, não é de "falta de diagnóstico" nem, muito menos, devido a um suposto "conservadorismo intelectual". Na verdade, a interpretação dada por Lara Resende para a persistência dos juros elevados no Brasil é tremendamente conservadora, pois reduz o problema dos juros a uma questão puramente fiscal. Isso nos parece um enorme reducionismo. Os juros no Brasil permanecem altos porque simplesmente nenhum governo após a reintrodução das eleições diretas procurou eliminar as distorções que conduzem a esse resultado[23].

Queremos finalizar com uma reflexão. Quando certo problema persiste por muitos anos — na verdade décadas —, a razão da persistência pode não ser a falta de um diagnóstico claro, mas, sim, falta de interesse em resolver o problema. A eliminação das distorções que levam a esse equilíbrio ruim afeta não apenas os rentistas, mas também os sindicatos, pois exige, dentre outras coisas, a revisão da regra de reajuste do salário mínimo, com o fim da indexação à inflação passada. Ao fim e ao cabo, pode ter sido construída no Brasil uma *coalizão de classes ou de interesses*[24] que impede a redução dos juros para um patamar mais razoável. Se isso é verdade, a solução para o problema dos juros no Brasil não passa pelo Banco Central. Sua recente redução, a partir de meados de 2017, só foi possível em função da elevadíssima taxa de desemprego do país, como será visto no Capítulo 4.

---

23 O impacto da elevada taxa de juros nas contas públicas é inequívoco. A maior parcela do orçamento público federal é representada pelos juros. Tal fato, como observado, não pode ser creditado somente a um deficit primário — e nominal — elevado e crescente, posto que vários mecanismos de indexação, em especial aqueles associados à proteção da riqueza nos títulos da dívida pública, não foram eliminados.

24 Sobre o conceito de coalização de classes, ver Bresser-Pereira (2014, pp. 134–138).

3

Comportamento do crédito e do spread bancário no período 2003-2016

De meados dos anos 1980 até 2003, a dinâmica do mercado de crédito brasileiro caracterizou-se, grosso modo, pela semiestagnação. A partir daí, observa-se um *boom* creditício no período 2003–2014, seguido de aguda contração em 2015/2016. Durante o *boom*, ocorreu uma importante mudança patrimonial do setor bancário com a diminuição do peso relativo das aplicações em títulos e valores mobiliários e o aumento do peso das operações de crédito; ao mesmo tempo em que se elevaram as receitas com intermediação financeira e com serviços e tarifas. A forte contração da oferta de crédito a partir de 2015, por sua vez, não resultou na deterioração da saúde financeira dos bancos. Cabe destacar que a manutenção de *spreads* elevados, ao mesmo tempo em que resultou em um encarecimento do crédito, favoreceu o desempenho dos bancos no mercado analisado.

Este capítulo tem por objetivo analisar as características do recente *boom* e a desaceleração do crédito no Brasil (2003–2016), as mudanças no padrão de rentabilidade dos bancos (privados e públicos), além dos determinantes do *spread* bancário no país.

Boom e desaceleração do crédito

Após um período de forte instabilidade macroeconômica, em que a oferta de crédito contraiu-se fortemente (chegando a apenas 23% do PIB em 2003), os empréstimos bancários cresceram de forma expressiva a partir de 2004. Deu-se início a um *boom* de crédito inédito no Brasil desde os anos 1980, o qual superou o nível de 50% do PIB a partir de agosto de 2013. Esse *boom* foi acompanhado da aceleração do crescimento econômico (de 2,6% a.a., em média, no período 1994–2003, para 4,4% a.a. em 2004–2011), de uma expressiva queda na taxa de desemprego (12,4% em 2003 para 5,5% em 2011), do aumento na massa salarial real e da tendência de redução na taxa de juros básica nominal e real, ainda que esta, à exceção de 2012, tenha se mantido sempre em patamares elevados com respeito ao seu nível de equilíbrio, como visto nos capítulos anteriores. Igualmente, o ciclo de crédito acompanhou a desaceleração econômica iniciada em 2012 (taxa média de crescimento do PIB de 1,8% a.a. em 2012–2014 e -3,7% em 2015/2016), a redução na massa salarial e o aumento no desemprego (a partir de 2015).

Do lado da oferta de crédito, a experiência do período pós-Real até 2003 mostra que, em contexto de forte instabilidade macroeconômica, a existência de títulos da dívida pública com grande liquidez e elevada remuneração, ou seja, as Letras Financeiras do Tesouro (ver Capítulo 2), fez com que o *trade-off* entre liquidez e rentabilidade tenha sido amenizado. Os bancos obtiveram uma lucratividade elevada a partir de uma estrutura financeira líquida, com volumes modestos de operações de crédito e grandes aplicações em títulos e valores mobiliários (Paula e Alves Jr., 2003).

A partir do final de 2003, contudo, o quadro mudou. De um lado, a maior demanda de crédito abriu novas possibilidades de negócios. De outro, a melhoria no perfil da dívida pública (e a redução no seu tamanho), com diminuição da participação de títulos indexados à Selic e à taxa de câmbio no total da dívida pública federal, reduziu as perspectivas da continuidade dos ganhos com títulos públicos, levando os bancos a mudarem seu comportamento. Abandonaram, assim, progressivamente, as estratégias voltadas para a liquidez em prol de estratégias de concessão de crédito, respondendo à crescente demanda dos agentes não financeiros. A combinação de maior volume de empréstimos com *spreads* ainda elevados (que declinaram pouco no período) tornou a concessão de créditos muito atrativa, proporcionando aos bancos elevadas receitas com a intermediação financeira.

Ao lado dos impulsos macroeconômicos, importantes mudanças institucionais estimularam o crédito a partir de 2004, tanto o lado da demanda quanto da oferta, a saber:

a. **Criação do crédito consignado em folha**, introduzido pela Lei 10.820/2003, com impacto sobre as operações de crédito pessoal, possibilitando, principalmente aos trabalhadores vinculados a sindicatos e aos servidores públicos e aposentados, o acesso ao crédito bancário a juros proporcionalmente mais baixos;

b. **Mudanças nos instrumentos de alienação fiduciária**, conforme a Lei 10.931/2004, simplificando a revenda de automóveis utilizados como colateral, por um lado, e permitindo a conservação do imóvel financiado sob a propriedade do credor até a liquidação do financiamento, por outro lado, com impacto no crédito para aquisição de veículos e crédito imobiliário;

c. **Aprovação da nova Lei de Falências**, conforme Lei 11.101/2005, estabelecendo um conjunto de medidas que reduzem diretamente o risco do credor em caso de falências, com impacto sobre empréstimos às pessoas jurídicas em geral.

Como pode ser visto na Figura 1, o volume de crédito no Brasil cresceu, a partir do início de 2004, continuamente até 2015. Depois do *boom* até 2008, o ritmo de expansão diminuiu a partir de meados de 2013, vindo a declinar acentuadamente a partir do início de 2015. Os bancos privados nacionais lideraram a aceleração do crédito na fase inicial do *boom* do crédito, sendo seguidos pelos bancos públicos. Ademais, predominaram, até 2008, as operações com recursos livres (Figura 2).

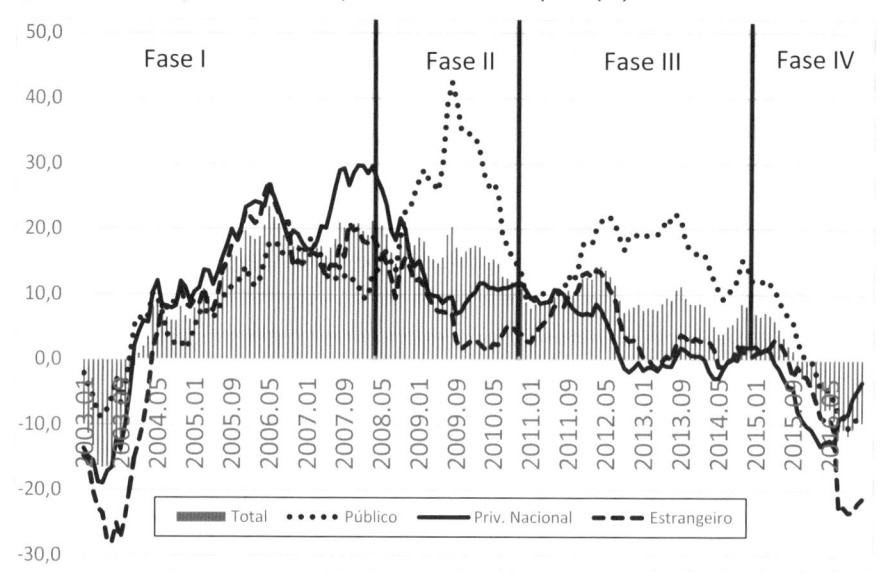

Figura 1 — Evolução do crédito por controle de capital (%)

Fonte: Elaboração própria a partir de dados do BCB (2017). Dados deflacionados pelo IGP-DI.
Nota: Taxa de crescimento em relação a 12 meses anteriores.

A partir de 2009, no entanto, os bancos públicos tomaram a liderança e o crédito direcionado[1] tornou-se predominante. Inicialmente, cumprindo

---

1 O crédito direcionado é composto por operações cujos juros ou fonte de recursos são definidos pelo governo, como o financiamento habitacional, o crédito rural e os empréstimos do BNDES, enquanto que crédito com recursos livres são operações contempladas na Circular 2.957/1999 e formalizadas com taxas de juros livremente pactuadas entre os clientes e as instituições financeiras.

um importante papel no bojo das políticas contracíclicas adotadas a partir do contágio da crise financeira global, as operações de crédito dos bancos públicos continuaram a crescer até 2015, com destaque para o Banco do Brasil e, sobretudo, a CEF. Os bancos privados (nacionais e estrangeiros), desde 2012, desaceleraram a concessão de crédito, enquanto os bancos públicos mantiveram as taxas de expansão em elevados patamares até o início de 2015. A Figura 2 mostra que o *boom* creditício veio puxado tanto pelo crédito à pessoa física (PF) quanto à pessoa jurídica (PJ), que cresceu acentuadamente a partir do final de 2003.

Figura 2 — Taxa de crescimento real do crédito ao setor privado em percentagem* — 2003-2012 (esquerda) e crédito/PIB em percentagem — 2007-2016 (direita)

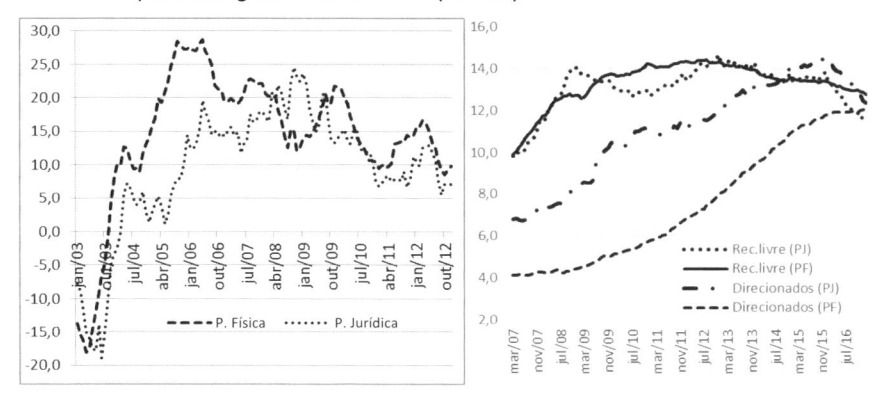

Fonte: BCB (2017). (*) Taxa de crescimento em relação a 12 meses anteriores, com dados deflacionados pelo IGP-DI.

Até 2007, houve clara preponderância do crédito à pessoa física. A partir daí até a crise de 2008, o crédito à pessoa jurídica exibe maior crescimento. Desde então, há uma redução nas taxas de crescimento em ambas as modalidades, ao mesmo tempo em que a taxa de crescimento torna-se mais volátil. Se, por um lado, o crescimento da renda dos trabalhadores e as mudanças institucionais estimularam a expansão da oferta de crédito para pessoa física, por outro, com a aceleração do crescimento da economia e maior demanda de crédito por parte das firmas, os bancos intensificaram a concessão de crédito à PJ, sobretudo sob a forma de capital de giro. O crédito com recursos livres, principalmente nas modalidades de capital de giro, crédito consignado e aquisição de veículos, cresceu fortemente até 2008, mantendo-se em ritmo de expansão elevado. De 2014 em diante, todavia, observa-se um declínio moderado. No mesmo período, há um forte crescimento do crédito direcionado tanto para PF quanto PJ, em função do crescimento das operações de crédito do BNDES (principalmente para financiamento do investimento e infraestrutura) e das operações de crédito imobiliário para PF, que cresceram acentuadamente a partir de 2009 (Figura 3). Já a partir de meados de 2015, inicia-se um processo de forte desaceleração nas operações de crédito (livre e direcionado), refletindo o ajuste dos bancos públicos e privados em contexto de crise econômica aguda e, principalmente, a queda da demanda em um quadro de forte recessão.

Figura 3 — Principais modalidades de crédito (à esquerda, em R$ milhões de dez/2016*) e prazo médio dos recursos livres (à direita, em meses)

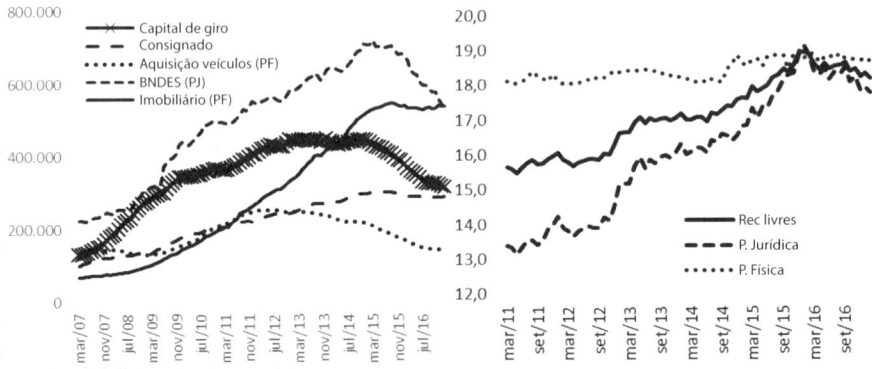

Fonte: BCB (2017). (*) Deflacionado pelo IGP-DI.

Um fator que contribuiu para a expansão do crédito bancário no período analisado foi a combinação entre redução nos juros (mais baixos em relação ao período pré-2004, mas ainda bastante elevados) e o alongamento nas maturidades dos empréstimos (Figuras 3 e 4). A melhoria no ambiente econômico — com maior crescimento, reduzida fragilidade externa (com política de acumulação de reservas), inflação sob controle e dívida pública declinante —, junto com as mudanças institucionais que beneficiaram o mercado de crédito, propiciou não só a redução nos juros dos empréstimos em modalidades importantes do crédito, como crédito pessoal, de capital de giro e imobiliário, como o alongamento nos prazos. A Figura 4 mostra que o crédito pessoal, onde há predominância do consignado, teve queda na taxa de juros nominais de 99% a.a., em fevereiro de 2003, para 46,8% a.a., em novembro de 2007, e um crescimento de prazo médio de 209 dias para 453 dias no mesmo período. A partir de 2009, a maturidade no crédito pessoal estabiliza-se, mas a do crédito livre para PJ continua se ampliando.

Figura 4 — Taxa média das operações de crédito com recursos livres — % a.a. e prazo (dias, no eixo à esquerda) e taxa de juros (% a.a., no eixo à direita) para crédito ao consumidor

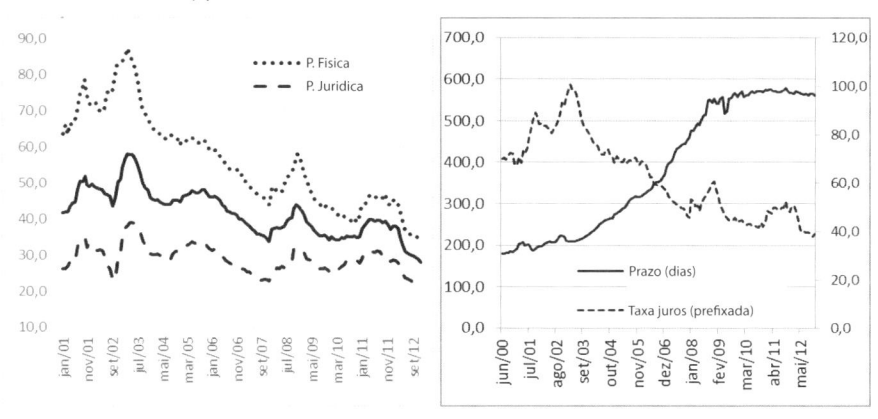

Fonte: BCB (2017).

Grosso modo, podemos distinguir quatro fases no ciclo de crédito no período 2003–2016[2]. A fase de *boom*, que se inicia ao final de 2003 e vai até a emergência da crise financeira internacional, no último trimestre de 2008; a fase de *crise e recuperação* (2008–2010), marcada pelo contágio da grande crise financeira global e pelo papel anticíclico dos bancos públicos; a fase de *estagnação* (2011–2014), onde se observa a estagnação do crédito dos bancos privados e a continuidade da expansão do crédito pelos bancos públicos; e fase de *credit crunch*[3] (2015/2016), de forte desaceleração da oferta e da demanda de crédito, com aumento na fragilidade financeira dos agentes (firmas e famílias).

No *boom* (2003–2008), testemunha-se um forte crescimento na oferta de crédito, em especial do crédito à PF (que cresce de 9,6% do PIB, em novembro de 2003, para 15,6% em setembro de 2008) nas modalidades de recursos livres. De um lado, há um expressivo avanço do crédito pessoal, em função da combinação entre aumento da renda dos trabalhadores e inovações institucionais que beneficiaram essa modalidade de crédito. De outro, há uma intensificação da concessão de empréstimos com crédito livre à PJ, de 9,6% do PIB, em outubro de 2005, para 15,1% em setembro de 2008, puxado principalmente pelo crédito para capital de giro, estimulado, por sua vez, pela aceleração no crescimento econômico do país[4].

A fase da *crise e recuperação* (2008–2010) é marcada pelo efeito-contágio da crise financeira global sobre a economia brasileira, que resultou em efeitos imediatos sobre o mercado de crédito, em especial, nas operações

---

2   Para um aprofundamento, ver Mora (2015) e Oliveira e Wolf (2016).

3   *Credit crunch* é uma redução súbita e prolongada na disponibilidade geral de empréstimos.

4   Segundo Prates e Freitas (2013, p. 327) um fator que contribuiu para a aceleração do crédito bancário às empresas em 2008 foram os contratos de crédito vinculados com operações com derivativos cambiais, um mecanismo de alto risco que garantia uma redução do custo enquanto a trajetória do real fosse de apreciação.

com recursos livres voltados para PF, que contraiu de 15,3% do PIB, em outubro de 2008, para 14,9% em julho de 2009. Observa-se o "empoçamento" de liquidez no mercado interbancário, em função tanto da percepção da incerteza em relação ao futuro quanto em relação do montante dos valores envolvidos nas perdas decorrentes das operações de empresas com derivativos cambiais. Em resposta a esse quadro, o BCB adotou uma série de medidas para prover liquidez ao setor bancário de modo a evitar o contágio no mercado interbancário[5]. No contexto das medidas contracíclicas adotadas, o governo brasileiro, face à forte contração do crédito dos bancos privados, adotou uma política financeira ativa através da expansão do crédito por parte dos grandes bancos públicos federais (BB, CEF e BNDES), o que os levou ao aumento na participação no crédito com recursos livres e liderança no segmento do crédito direcionado (Mora, 2015). Importante observar que a ação anticíclica dos bancos públicos serviu de apoio à atuação do BCB, prevenindo uma crise de liquidez e de insolvência no setor bancário. As políticas contracíclicas adotadas foram favorecidas por um contexto internacional benigno (novo *boom* de commodities e aumento nos fluxos de capitais), que permitiu à economia brasileira se recuperar já a partir de meados de 2009 (Paula et al., 2015).

Com a recuperação econômica, a oferta de crédito retoma a sua trajetória de crescimento, tanto para PJ quanto, principalmente, para a PF. Dessa vez, no entanto, o protagonismo foi do crédito direcionado. A forte recuperação do crédito, no entanto, face ao elevado crescimento, ao temor de aumento na taxa de inflação e ao receio de fragilização do setor bancário, levou o BCB a adotar medidas macroprudenciais a partir do final de 2010, o que contribuiu para a desaceleração do crédito na fase seguinte[6].

---

5 Dentre as quais, redução do compulsório para pequenos e médios bancos, diminuição da alíquota adicional cobrada sobre o compulsório sobre depósitos à vista e liberação do compulsório para a aquisição de carteiras de bancos menores. A compra dessas carteiras — feita principalmente pelo BB e CEF — foi fundamental para evitar que a crise de liquidez se convertesse em uma crise de insolvência (Oliveira e Wolf, 2016, p. 15).

6 Incluíram, dentre outras, aumento gradual da alíquota do depósito compulsório sobre os depósitos à vista e a prazo, elevação no adicional do compulsório para depósitos à vista e a prazo, redução do limite máximo de dedução das compras de carteiras etc.

A *estagnação* (e gradual desaceleração) de 2011–2014 é marcada inicialmente pela estabilização do nível de oferta de crédito dos bancos privados (seguido de desaceleração em 2012) e pelas políticas de ampliação da oferta de crédito dos bancos públicos, que procuraram manter a taxa de crescimento elevada, com CEF e BB assumindo uma participação maior, inclusive em áreas tradicionalmente ocupadas pelos bancos privados, tais como no crédito pessoal e no capital de giro (Feil e Slivnik, 2017). As principais modalidades de crédito à PF, característica da expansão da primeira fase, como consignado e aquisição de veículos, no entanto, acabam por desacelerar. A exceção foi o crédito para capital de giro, que continuou a crescer significativamente até o final de 2013.

Cabe destacar que esse é um período em que a lucratividade das empresas de capital aberto no Brasil caiu acentuadamente[7], sendo possível que as empresas, até 2013, ainda alimentassem expectativas de crescimento do mercado interno devido à existência de um mercado de vendas de varejo ainda aquecido (Paula e Pires, 2017). Como pode ser observado na Figura 5, já havia uma tendência à diminuição na margem de segurança das firmas brasileiras, com um crescimento gradual do comprometimento do fluxo de caixa em relação às despesas financeiras. Considerando essas tendências, o crédito com recursos livres ficou praticamente estagnado no período (entre 27–28% do PIB), enquanto que o crédito direcionado cresceu fortemente (18,8% do PIB, em janeiro de 2012, para 25,0% do PIB, em dezembro de 2014), devido ao acentuado crescimento do crédito do BNDES e crédito imobiliário (Figura 4). Em função de essas modalidades de crédito terem prazos mais longos, a maturidade média das operações de crédito aumentou[8]. A fase de estagnação do crédito no Brasil é mar-

---

7 Segundo o CEMEC (2015), o ROE das Companhias Abertas no Brasil, cuja média era de 18,3 em 2005–2010, caiu para 13,5% em 2011, 7,2% em 2012, 6,6% em 2013 e 5,5% em 2014.

8 Passou de 28,8 meses para recursos livres em janeiro de 2012 para 35,3 meses em dezembro de 2014, e para crédito direcionado de 42,0 meses para 58,1 meses no mesmo período, conforme dados do BCB.

cada tanto por uma deterioração no cenário internacional, em função da iminência de uma crise na zona do euro e da desaceleração da economia chinesa, como por uma falta de coordenação no uso dos instrumentos da política econômica (Paula et al., 2015). Essa combinação de elementos externos com certo enfraquecimento financeiro das firmas brasileiras contribuiu para a deterioração nas expectativas dos bancos e das firmas não financeiras, que se expressou na redução na taxa de investimento e na desaceleração econômica (taxa de crescimento média do PIB de 1,8% a.a. em 2012–14). Em tal contexto, a ação contracíclica dos bancos públicos acabou por ter eficácia limitada para expandir o investimento e a produção, ainda que tenha evitado uma contração brusca e aguda na oferta de crédito.

Por fim, o *credit crunch* do biênio 2015/2016 traduziu-se na forte e súbita contração da oferta e demanda do crédito, seja no crédito livre, seja no crédito direcionado. Esse movimento sincronizado entre privados nacionais e estrangeiros e bancos públicos ocorreu no contexto de uma acentuada desaceleração econômica (taxa de crescimento negativo do PIB em 3,8% em 2015 e 3,6% em 2016). O conjunto de choques negativos, tais como a deterioração nos termos de troca, a crise hídrica, a forte desvalorização cambial e a crise da Lava Jato, combinado com um conjunto de políticas econômicas contracionistas, tais como a elevação da Selic, o acelerado reajuste de preços administrados e o corte do gasto público, levou a economia a uma forte e prolongada recessão (Paula e Pires, 2017). A combinação da recessão com o aumento na taxa Selic, cujo valor real ex ante alcançou 7,5% a.a. em 2015 e 6,5% a.a. em 2016, causou uma enorme desaceleração da demanda e da oferta de crédito, resultando em um *credit crunch* que contribuiu para o aprofundamento da crise econômica.

A crise do crédito resultou tanto da maior aversão ao risco dos bancos como dos demais agentes privados (firmas e famílias). De um lado, frente à incerteza, os bancos em todos os segmentos por controle de capital elevaram a provisão para devedores duvidosos, ampliaram suas aplicações em ativos líquidos, reduziram o prazo médio de seus empréstimos (Figura 3) e tornaram-se mais seletivos na concessão de crédito (privilegiando modalidades com maiores garantias). De outro lado, observou-se diminuição na demanda por crédito face à queda da massa salarial real, ao aumento na taxa de desemprego (passa de 5,0%, em 2014, para 8,1%, em 2015) e à forte redução dos investimentos desde 2014.

O crédito para PJ, nas suas principais modalidades (BNDES e capital de giro), foi o segmento mais afetado, por ser o mais diretamente atingido pela crise econômica. As principais modalidades do crédito à PF, como o imobiliário e o consignado, ficaram estagnadas ou, em algumas modalidades, declinaram, como é o caso da aquisição de veículos. Nesse período, há um evidente aumento na fragilidade financeira das empresas e famílias: por um lado, o comprometimento da renda das famílias com dívida bancária eleva-se para mais de 45% desde meados de 2014, vindo a declinar em 2016, evidenciando um processo de desalavancagem; por outro, o percentual de empresas com a razão Ebitda/despesas financeiras menor do que um (não geram fluxo de caixa capaz de cobrir a totalidade das despesas financeiras) aumenta para mais de 50% em 2015, uma situação característica de agentes especulativos ou Ponzi[9] (Figura 5).

---

9 Minsky (1982, 1986) classifica os agentes econômicos segundo suas estruturas financeiras: unidades hedge mantêm margens de segurança positivas entre lucros operacionais e despesas financeiras; unidades especulativas nos períodos iniciais de um projeto de investimento projetam lucros suficientes apenas para pagar os juros e parte da amortização; por fim, as unidades Ponzi são aquelas cujas receitas são insuficientes para cobrir amortizações e juros. Na medida em que predominam unidades especulativas e Ponzi, o grau de fragilidade financeira da economia eleva-se e choques nas taxas de juros têm maior chance de desencadearem uma crise. Para uma análise da relação entre ciclos e comportamento dos bancos em Minsky, ver Paula (2014).

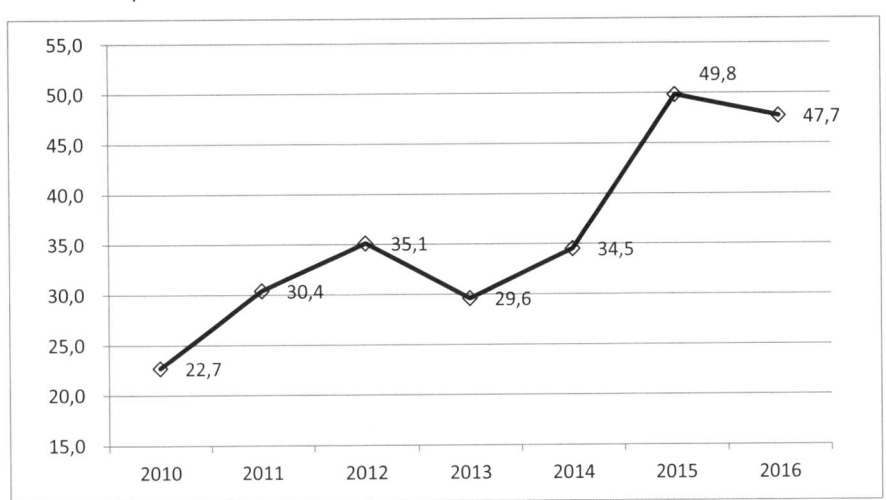

Figura 5 — Percentagem das empresas com Ebitda*/Despesa financeira menor que 1

```
55,0
                                                            49,8
50,0                                                              47,7
45,0
40,0
35,0           35,1                         34,5
30,0     30,4        29,6
25,0
       22,7
20,0
15,0
       2010  2011   2012  2013  2014  2015  2016  (2016)
```

Fonte: CEMEC (2017). (*) Ebitda é a sigla de "Earnings Before Interest, Taxes, Depreciation and Amortization".

Cabe assinalar que a política de elevação na taxa de juros aumentou o risco para os investidores em papéis não indexados, pressionando o Tesouro Nacional a emitir títulos "selicados". Assim, a emissão de LFTs — também conhecida como o "papel da crise" —, junto com as operações compromissadas[10], em crescimento desde 2012, aumentou rapidamente o montante das aplicações sem risco de liquidez ou risco de taxa de juros (dado que as LFTs, por terem *duration* de um dia, estão livres desse risco, conforme foi explicado no Capítulo 2), revigorando o circuito de *overnight* na economia brasileira (Figura 6). De fato, houve um forte aumento na dívida pública — bruta e líquida — em 2014–16, passando de 56,5% e 32,6% em 2014, respectivamente, para 69,6% e 46,0% em 2016. Essa mudança na administração da dívida pública e aumento no volume das

---

10 Operações de compra ou venda de títulos públicos com compromisso de revenda ou recompra em uma data futura usadas pelo BCB para regular a liquidez no mercado de reservas bancárias.

aplicações de curto prazo, no contexto de aplicação de políticas de austeridade, permitiram, mais uma vez, que os bancos ajustassem sua estrutura patrimonial de forma a obterem liquidez *e* rentabilidade na composição de seu balanço.

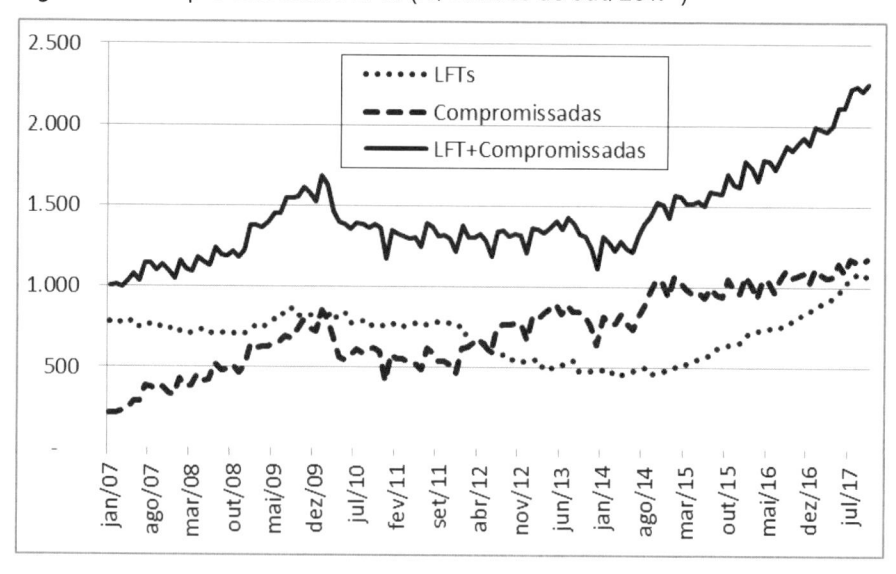

Figura 6 — Compromissadas e LFTs (R$ bilhões de out/2017*)

Fonte: BCB (2017). Nota: (*) Deflacionado pelo IGP-DI.

Ajuste patrimonial e padrão de rentabilidade dos bancos[11]

Como visto na seção anterior, no *boom* de crédito, o setor bancário, liderado pelos bancos privados nacionais e secundado pelos bancos públicos, expandiu de forma acelerada sua carteira de crédito. Ao lado do maior volume de crédito concedido, os *spreads* praticados pelos bancos privados, ainda que manifestassem leve queda, permaneceram elevados, como

---

11   Esta seção contou com a colaboração de Antonio Alves Jr.

revela o BCB (2009). A combinação do aumento do volume de crédito concedido e da manutenção de *spreads* ainda elevados fez com que o resultado bruto da intermediação financeira praticamente dobrasse entre 2003 e 2008 para os bancos privados nacionais, conforme Figura 7.

Figura 7 — Receitas, despesas e resultado bruto da intermediação financeira em R$ bilhões de dez/2016 — bancos privados nacionais (esquerda) e bancos públicos (direita)

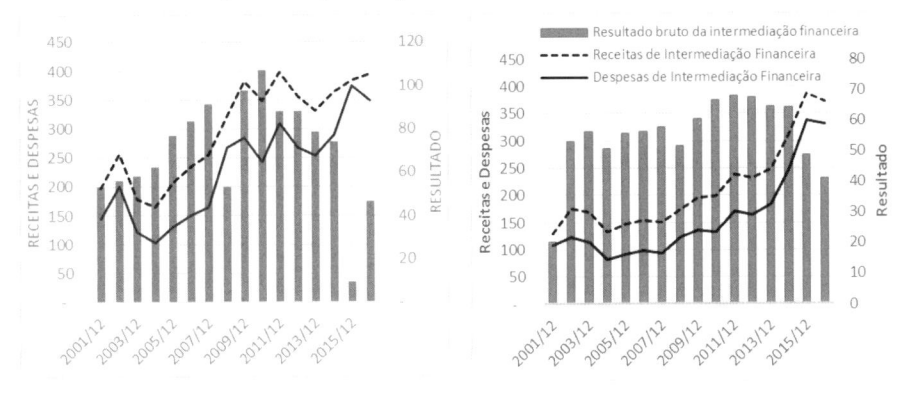

Fonte: BCB (2017)

A expansão do crédito bancário teve como contrapartida a redução da participação relativa dos títulos e valores mobiliários na carteira dos bancos privados nacionais e dos bancos públicos. Esse resultado está em linha com a alocação dos ativos esperada em uma fase de expansão à luz da teoria pós-keynesiana. Bancos, em busca de maior lucratividade, preferirão ativos que ofereçam maior rendimento, ainda que menos líquidos, uma vez que os empréstimos no Brasil, via de regra, não são securitizáveis. O aumento da participação dos empréstimos no portfólio dos bancos deu-se em detrimento de aplicações financeiras mais líquidas, como os títulos e valores mobiliários, que, em dezembro de 2003, eram pouco mais de 40% dos ativos, mas, em dezembro de 2008, caíram para menos de 35%, para o segmento dos bancos privados nacionais, e de 51% para 44% no caso dos bancos públicos (Figura 8).

Essa realocação dos ativos no conjunto dos bancos privados nacionais foi mais modesta do que a realizada pelos bancos estrangeiros, cujos títulos e valores mobiliários caíram de 43% dos ativos, em dezembro de 2003, para 33%, em dezembro de 2008 (Figura 8). Já entre os bancos privados nacionais, não há tendência semelhante: não só a recomposição do ativo foi mais moderada, como a expansão das operações de crédito desse segmento não foi acompanhada de aumento na alavancagem até o ano de 2007 (Figura 9). É somente nesse ano que esses bancos elevam moderadamente a alavancagem das operações de crédito de algo em torno de 4 para pouco mais que 5. Como regra geral, o patrimônio líquido desse segmento de bancos cresceu *pari passu* à expansão dos saldos de crédito. Já no caso dos bancos públicos, registra-se forte redução na participação das aplicações em títulos e valores mobiliários, acompanhada de acelerada expansão da oferta de crédito, o que explica a estabilidade da alavancagem (Figura 9).

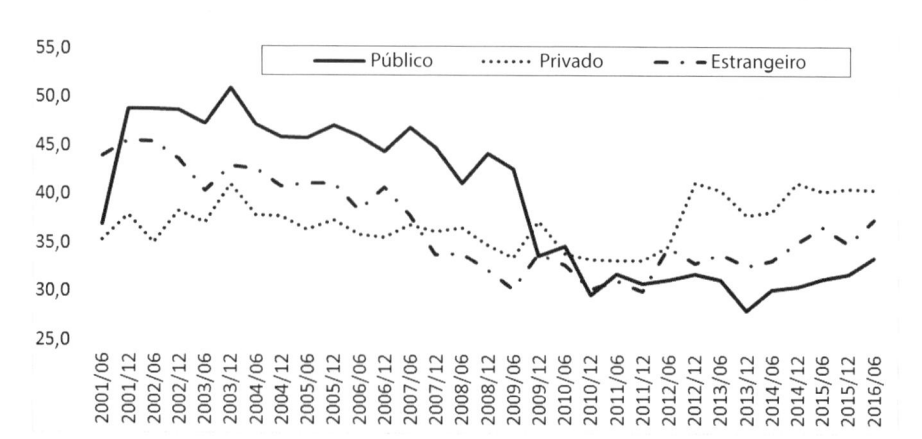

Figura 8 — Participação dos títulos e valores mobiliários no ativo total (%)

Fonte: Elaboração própria a partir de dados do BCB (2017).

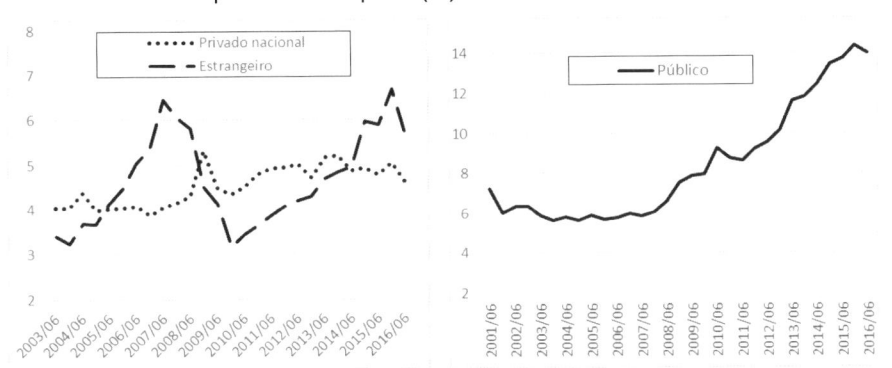

Figura 9 — Alavancagem dos bancos privados e públicos — operações de crédito/patrimônio líquido (%)

Fonte: Elaboração própria com base em dados do BCB (2017).

A contenção da alavancagem não é explicada pelas regras de Basileia. De fato, os bancos privados e públicos sempre mantiveram seus índices razoavelmente acima dos mínimos legais. A liquidez bancária, expressada na elevada participação de aplicações em títulos e valores mobiliários, criava as condições para a expansão do crédito sem que houvesse necessidade de aumento da alavancagem[12].

A Figura 10 mostra um comportamento fortemente procíclico da provisão para devedores duvidosos dos bancos, uma variável crucial na avaliação de risco de crédito ex ante por parte dos bancos. A determinação das provisões é influenciada tanto pelos índices de inadimplência verificados quanto pelas expectativas futuras sobre retorno dos empréstimos. Evidentemente, o peso das expectativas sobre o *default* no futuro aumenta em momentos de maior incerteza, levando ao aumento precaucional das provisões. De fato, observa-se uma queda nas provisões no período 2004–2008, quando as expectativas dos agentes em geral (bancos, firmas

---

12 Em 2013/2014, a média do índice de Basileia do BB foi de 15,3%; da CEF, 15,6%; Bradesco, 16,5%; Itaú, 16,7%; e Santander, 18,3%; conforme dados do BCB (2017), portanto, bem acima do mínimo de 11%.

e famílias) tornavam-se mais e mais positivas. Depois do efeito-contágio da crise financeira global, do final de 2008 até meados de 2009, as provisões foram elevadas. Tais provisões caíram logo depois, em função da percepção de que o quadro de crise havia sido debelado. A partir de 2012, devido ao sentimento de iminência de um "grande evento", face à crise do euro, e, sobretudo, a partir de meados de 2015, no contexto de uma aguda e prolongada recessão da economia brasileira, as provisões foram aumentadas.

Figura 10 — Provisões para devedores duvidosos como percentagem da carteira de crédito

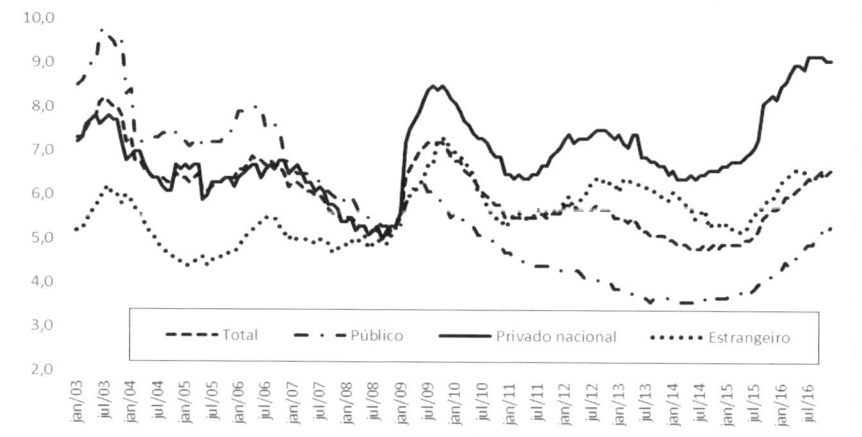

Fonte: BCB (2017).

Quando se compara o comportamento dos bancos públicos em relação aos bancos privados, observa-se que os primeiros fizeram menores provisões. Um dos fatores que explicam essa diferença é a predominância de operações de crédito de longo prazo, com maior cobertura de garantias. Os bancos públicos no Brasil são os principais provedores do financiamento imobiliário (CEF), do financiamento rural e agroindustrial, financiamento ao investimento (BNDES) e os maiores fornecedores de crédito consignado (BB e CEF).

Quanto ao passivo bancário, observa-se que, tanto os bancos privados nacionais quanto os bancos públicos financiaram-se, principalmente, por meio da emissão de depósitos, em especial de depósitos a prazo. Secundariamente e crescentemente recorreram a obrigações que economizam reservas, como captações de mercado aberto, caracterizando uma tendência de uma administração de passivo, de modo a obterem um volume maior de recursos para emprestar (Figura 11). O crescimento nas captações no mercado aberto, formadas pelas obrigações compromissadas[13], foi mais acentuado no segmento dos bancos privados, já que se constitui em uma fonte mais ágil de captação de recursos e livres de compulsório.

Figura 11 — Passivo exigível (em R$ bilhões de dezembro de 2016) — bancos privados nacionais (esquerda) e bancos públicos (direita)

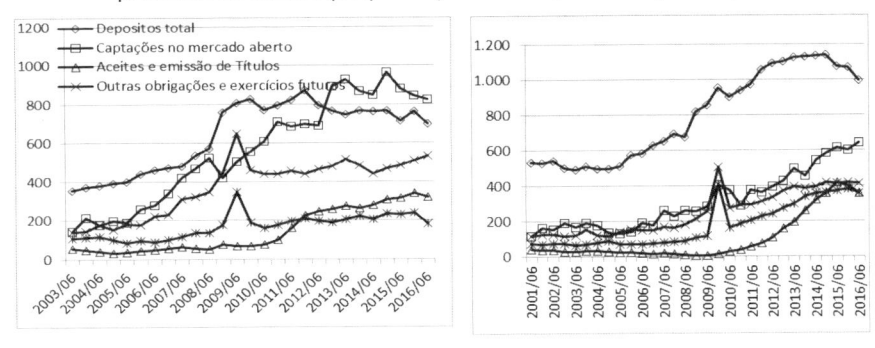

Fonte: BCB (2017). Dados deflacionados pelo IGP-DI.

A aceleração do crescimento econômico, combinada com o aprofundamento das relações entre clientes e bancos — o que inclui a intermediação financeira, oferta de fundos de investimento, esforços de colocação de títulos das empresas, assessoria para fusões e aquisições etc. —, aumentou as receitas de tarifas e serviços bancários, durante a fase de expansão, em todos os segmentos por propriedade de capital. Uma fração crescente das

---

13 As operações compromissadas caracterizam-se pela venda não definitiva de títulos, com recompra a prazo e preço previamente definido, sendo bastante utilizadas nas transações relativas ao mercado interbancário.

despesas administrativas e de pessoal passou a ser coberta com essas receitas, sendo que a razão cobertura de serviços e tarifas sobre despesas administrativas e de pessoal ultrapassou 50% em 2007 (Figura 12). A partir de 2013, contribuíram para a manutenção de receitas elevadas no segmento dos bancos privados nacionais.

O contágio da crise financeira internacional de 2008 suspendeu os planos de expansão dos bancos privados nacionais, que, mesmo superada a crise, não retornaram ao ritmo anterior. Como esperado, nos momentos que se seguiram à crise, esse segmento tipicamente "colocou o pé no freio", reduzindo fortemente as novas concessões de crédito. Essa reação, contudo, foi mais moderada do que a exibida pelos bancos estrangeiros, cujas matrizes foram afetadas fortemente pela crise. Esses, de fato, desalavancaram suas operações de crédito, seguindo a estratégia global diante do novo cenário. Na crise, coube aos bancos públicos reforçar a oferta de financiamento, no bojo do conjunto das ações anticíclicas do governo federal, contrabalançando a reação mais defensiva dos bancos privados nacionais e estrangeiros.

Figura 12 — Cobertura dos serviços e tarifas (% das despesas administrativas e de pessoal)

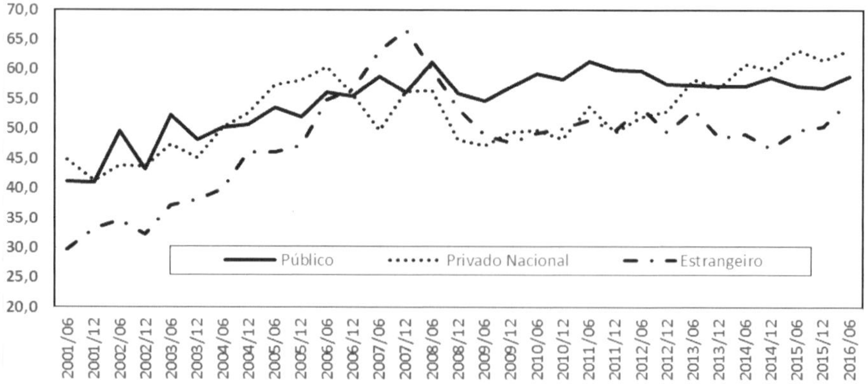

Fonte: Elaboração própria a partir de dados do BCB (2017).

Passado o pior momento, já a partir do final de 2009, os bancos privados nacionais voltaram a aumentar seus empréstimos em 2010/11, ainda que em ritmo abaixo daquele do ciclo de 2004–2008. A percepção de que a grande crise havia sido superada foi reforçada ao longo de 2009 e 2010, diante da aceleração do crescimento da economia brasileira. A crença na superação dos efeitos da crise induziu à retomada do crédito pelo setor bancário privado. Sua alavancagem, assim, voltou a aumentar a partir do fim de 2009, com o aumento das captações no mercado aberto, enquanto a participação de títulos e valores mobiliários no conjunto dos ativos declinava. Consequentemente, o resultado bruto da intermediação financeira recuperou-se já em 2009 e continuou crescendo ao longo de 2010.

As expectativas de recuperação, contudo, não se confirmaram. A partir de meados de 2010, multiplicaram-se os sinais de que poderia haver um desdobramento da crise europeia então em curso. Enquanto isso, no *front* interno, repetiam-se as recomendações de que a economia brasileira deveria ser esfriada, diante do crescimento do PIB e da inflação, assim, a partir de abril de 2010, teve início um ciclo de alta da Selic, que foi elevada de 8,75% a.a. para 9,5% a.a. Já a partir do final de 2010, adotaram-se medidas macroprudenciais, com o fito de desacelerar o crescimento da oferta de crédito. No campo fiscal, o governo comprometera-se a atingir a meta de superavit primário.

Esse conjunto de fatores, juntamente com o temor de elevação na inadimplência, que, a partir de 2011, passou a aumentar — de cerca de 4% do total da carteira de crédito, no início de 2011, para mais de 5% em meados de 2012 —, influenciou a decisão dos privados nacionais em retomar posturas mais conservadoras, assim, desde o fim de 2011, já se percebeu a forte desaceleração na oferta de crédito e o aumento dos *spreads* bancários[14]. Já os bancos públicos, depois de ensaiarem uma desaceleração e correção de preços de algumas linhas de crédito, voltaram a prorrogar a polí-

---

14 O *spread* médio do segmento dos bancos privados (nacional e estrangeiro) subiu de 26,3% a.a., em 2012, para 29,7%, em 2013, e 32,8% em 2014, conforme BCB (2015, pp. 19–21).

tica financeira contracíclica. A alavancagem do crédito desse segmento aumentou acentuada e continuamente, passando de 8,0%, em dezembro de 2009, para 13,0% em dezembro de 2014 (Figura 9). Concomitantemente, passaram a administrar mais dinamicamente o passivo exigível, com acentuado crescimento de obrigações que economizam reservas, notadamente captações no mercado aberto e aceites e emissão de títulos (com destaque para as emissões das Letras de Crédito do Agronegócio — LCA, por parte do BB); além das obrigações por empréstimos e repasses (Tesouro Nacional, BNDES e FGTS), conforme pode ser visto na Figura 11[15].

Em abril de 2012, o governo federal, por meio da CEF e do Banco do Brasil, instou o sistema bancário a reduzir os *spreads*. Considerando que esses dois bancos ocupavam uma importante fatia de mercado, seria de se esperar que os bancos privados reagissem, cortando seus próprios *spreads* para assegurar suas fatias de mercado. A política de redução dos *spreads* somada ao ciclo de redução da taxa Selic, iniciado em agosto de 2011, resultaria em taxas de juros "na ponta" bem mais atraentes, estimulando a demanda por crédito.

Em outubro de 2012, os juros básicos chegaram a 7,25% a.a., o patamar nominal mais baixo dos últimos anos. Essa taxa retirava a atratividade de operações com títulos públicos e poderia, ainda, indicar que as rendas de tesouraria dos bancos estariam com os dias contados. Diante da redução dos juros básicos e da determinação do governo em empregar os bancos públicos para baixar os *spreads*, restaria aos bancos privados expandir acentuadamente a oferta de crédito com juros mais baixos para assegurar sua lucratividade. A redução dos *spreads* dos bancos públicos fora acompanhada, ainda que moderadamente, pelo conjunto dos bancos privados, como mostra a Figura 13. A partir da própria elevação da Selic, entretanto, já em meados de 2013, os *spreads* mudaram de tendência e ini-

---
15   Para um aprofundamento, ver Feil e Slivnik (2017).

ciaram uma verdadeira escalada, notadamente nas operações com pessoas físicas, como será visto na próxima seção.

Figura 13 — Spread bancário dos bancos públicos

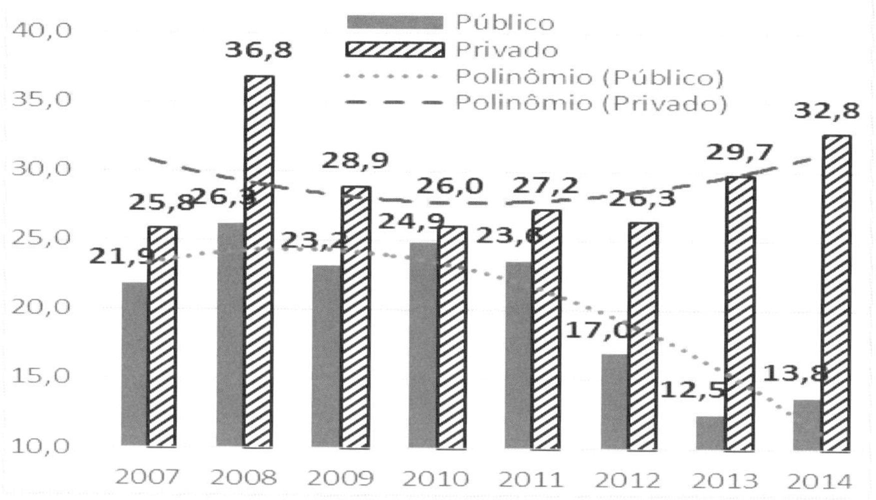

```
                         ■ Público
                         ▨ Privado
                         ····· Polinômio (Público)
                         — — — Polinômio (Privado)
```

Ano	Público	Privado
2007	21,9	25,8
2008	26,3	36,8
2009	23,2	28,9
2010	24,9	26,0
2011	23,6	27,2
2012	17,0	26,3
2013	12,5	29,7
2014	13,8	32,8

Fonte: BCB (2015).

O resultado líquido para os bancos privados nacionais, que, como já destacado, desaceleraram a oferta de crédito, foi a redução do resultado bruto da intermediação financeira, que não mais retornou aos níveis de 2010. A alavancagem privada não foi alterada (Figura 9), mas a participação dos títulos e valores no total de ativos, ao longo de 2012, saiu de níveis inferiores a 35% para ultrapassar os 40% (Figura 8), confirmando que esse segmento passou a adotar uma postura mais cautelosa e a buscar outras fontes de receitas.

De fato, a razão entre as receitas com serviços e tarifas e as despesas administrativas e de pessoal passou de 50%, no 2º semestre de 2012, para mais de 60% a partir do 2º semestre de 2014 (Figura 12) no segmento dos bancos privados. Já os bancos públicos mantiveram seu resultado bruto de intermediação financeira elevado até 2014, face ao aumento das receitas com operações de crédito.

Essa tendência prosseguiu até o fim de 2014, quando o governo brasileiro deu uma forte guinada na condução da política econômica, buscando a austeridade fiscal — através da obtenção de superavits primários por meio do corte de gastos primários; fim de repasses para os bancos públicos, em especial, para o BNDES; e ajuste das tarifas de energia elétrica e dos preços de combustíveis —, em conjunto com um maior comprometimento do BCB em perseguir o centro da meta de inflação, elevando a taxa Selic. As políticas econômicas adotadas atuaram no sentido de reduzir ainda mais os investimentos, que já se encontravam em queda, desestimularam o consumo e contribuíram para aprofundar a recessão em curso. A desvalorização cambial e a correção súbita dos preços administrados contribuíram, por sua vez, com a elevação da inflação em 2015.

Nesse contexto, os bancos privados nacionais, agora acompanhados pelos bancos públicos, aprofundaram suas políticas operacionais de racionamento do crédito, de elevação dos *spreads*, de maiores provisões para devedores duvidosos, bem como dirigiram o foco para aplicações em títulos públicos. Como consequência dessa estratégia, as receitas com operações de crédito, que em 2010 equivaliam a mais de 70% do total das receitas financeiras, caíram para o patamar de 50% no fim do primeiro semestre de 2016. Já as receitas com títulos e valores mobiliários expandiram-se de menos de 24% para 46% no mesmo período (Figura 14). Esse ajustamento só foi possível, como destacado anteriormente, pelo crescimento das operações financeiras de curto prazo que restabeleceu o circuito de *overnight* na economia brasileira.

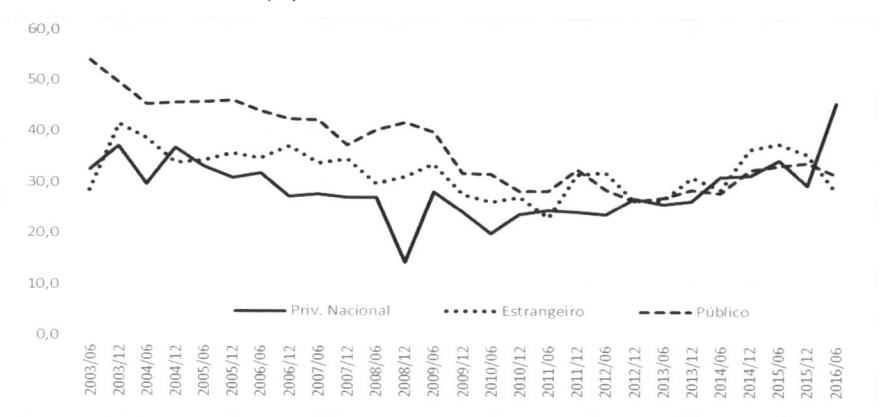

Figura 14 — Receitas com títulos e valores mobiliários sobre total das receitas financeiras (%)

[Gráfico com linhas: Priv. Nacional, Estrangeiro, Público — eixo vertical de 0,0 a 60,0; eixo horizontal de 2003/06 a 2016/06]

Fonte: BCB (2017).

O ajustamento da carteira de crédito dos bancos públicos, a partir de 2015, foi mais lento do que o dos bancos privados. Isso se explica pelo fato de os financiamentos concedidos pelos públicos serem de longo prazo. Por isso, a participação das receitas de intermediação caiu mais lentamente, passando de 63% em 2010 para 61% das receitas totais no 1º semestre de 2016. Por essa razão, as receitas com títulos e valores mobiliários tiveram apenas um pequeno crescimento relativo, passando de 28% para 32% (Figura 14).

O resultado bruto da intermediação financeira dos bancos públicos também exibe queda, ainda que menor em relação aos bancos privados nacionais (Figura 7). Em que pese o efeito positivo na elevação dos juros sobre as receitas de intermediação financeira, o aumento das despesas financeiras mais que compensou, devido aos efeitos da forte contração do PIB e da desvalorização cambial sobre as provisões para crédito de liquidação duvidosa e as captações no mercado, respectivamente. A rentabilidade dos bancos privados só se manteve elevada em 2015 — conforme Tabela 1 — em função dos elevados montantes de créditos tributários detidos pelos bancos, originados de despesas com imposto de renda e contribuição social sobre o lucro líquido (Oliveira, 2016). Já em 2016, observa-se um aumento no resultado dos bancos privados nacionais em relação ao ano anterior, favorecido pela diluição do choque cambial sobre seu passivo externo, pela manutenção da taxa de juros em patamares elevados e pela continuidade no aumento das receitas com serviços e tarifas. Enquanto o ROE dos maiores bancos privados manteve-se elevado no ano, no caso dos grandes bancos públicos varejistas (BB e CEF), observa-se uma redução no resultado bruto e uma queda mais acentuada no ROE. Não deixa de ser surpreendente a manutenção de níveis de rentabilidade elevados, em contexto de forte e prolongada recessão, o que mostra a enorme capacidade dos bancos brasileiros de se ajustarem em um ambiente de forte instabilidade macroeconômica e favorecidos pela política de ajustamento adotada pelo governo em contexto de crise.

Tabela 1 — Rentabilidade do patrimônio (ROE) dos cinco maiores bancos (em %)

Bancos	2014	2015	2016	Variação 2014/2015	Variação 2015/16
Itaú Unibanco	24,0	23,9	20,3	-0,4	-15,1
Bradesco	20,1	20,5	17,6	2,0	-14,1
Banco do Brasil	14,2	17,8	9,5	25,4	-46,6
Santander	11,5	12,8	13,3	11,3	3,9
Caixa Econômica Federal	15,2	11,4	6,6	-25,0	-42,1

Fonte: DIEESE Redes Bancários (2017).

Spread bancário

Quando se analisa os determinantes do *spread* bancário, é necessário, antes de mais nada, fazer dois esclarecimentos conceituais[16]. Em primeiro lugar, deve-se precisar o próprio conceito de *spread* bancário. Pode-se definir o *spread* de duas formas: (i) *spread* ex ante, que é calculado a partir das taxas estabelecidas pelos bancos; (ii) *spread* ex post (conhecido na literatura estrangeira como *net interest margin*), calculado a partir do resultado da intermediação financeira dos bancos. O primeiro é mensurado a partir das decisões de precificação dos bancos em relação às taxas de captação e de empréstimos, anteriores ao resultado operacional do banco. No Brasil, a taxa de empréstimos é uma taxa média ponderada pelo volume de cada modalidade de crédito, enquanto que a taxa de captação é a média das taxas pagas nas CDBs. O segundo (*spread* ex post) é a mensuração dos resultados da intermediação financeira realizada pelos bancos, de acordo com as receitas efetivamente geradas pelas operações de crédito (pode também incluir as receitas de juros nas aplicações em títulos por parte do banco), e com o custo de captação dos recursos (taxas pagas nas obrigações emitidas), sendo que ambos estão relacionados às taxas estabelecidas ex ante. Uma forma simples de calcular o *spread* ex post é a diferença entre juros recebidos nos ativos menos os juros pagos nas obrigações dividido pelo ativo total (ou ativo operacional). O *spread* ex ante, assim, está relacionado às decisões de precificação dos bancos (taxas cobradas e remuneradas e tipo de crédito ofertado, já que as taxas de empréstimos variam conforme a modalidade) e, portanto, é representativo do custo do crédito, enquanto que o *spread* ex post é uma variável que expressa o resultado dos bancos a partir das estratégias de alocação de portfólio e de precificação de taxas.

Em segundo lugar, há duas abordagens de análise empírica do *spread* bancário: determinantes e estrutura. A primeira abordagem, a dos *determinantes*, objetiva identificar em que medida a variação dos fatores explicativos do *spread* afeta seu comportamento, sendo comum em alguns estudos

---

16 Para um aprofundamento, ver Leal (2007).

separar os determinantes macroeconômicos (inflação, taxa de juros etc.) e determinantes microeconômicos (relacionados diretamente à atuação, como custo de operação, grau de aversão ao risco do banco, tamanho médio da operação dos bancos, grau de competição etc.). A segunda abordagem, a da *estrutura*, analisa os componentes que o banco destina ao *spread* bancário através de estimativas de sua decomposição. Nesta seção, analisaremos tanto os determinantes quanto a estrutura do *spread* bancário e usaremos principalmente dados do *spread* ex ante, já que estamos interessados na análise do custo do crédito bancário para os tomadores de crédito.

Os dados internacionais sobre o *spread* ex ante são difíceis de comparar em função das formas diferenciadas como são calculados nos diferentes países, além do fato de que o *mix* de modalidades de crédito é igualmente diferenciado. Como *proxy* de *spread*, para efeito de comparação internacional, utilizamos a taxa de juros reais na Figura 15, que mostra que, em maio de 2017, o Brasil tinha a segunda maior taxa de juros mundial, só perdendo para a Rússia.

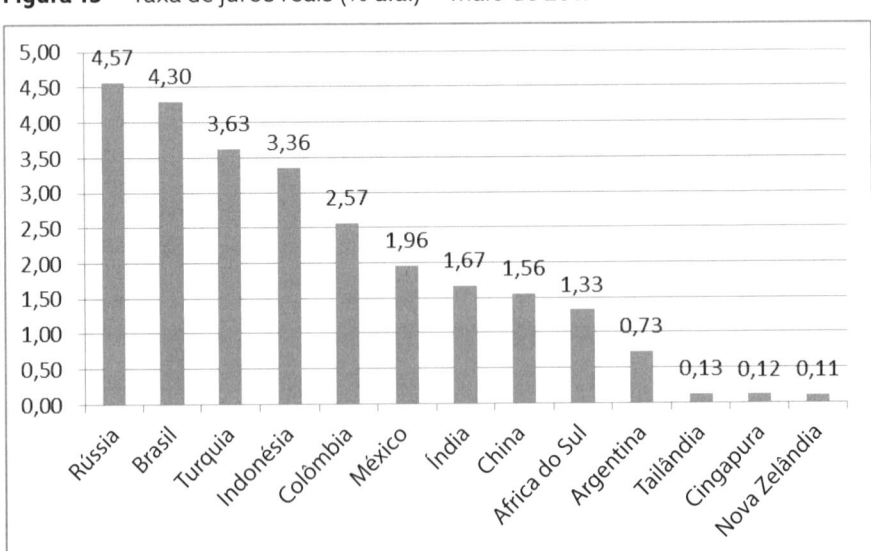

Figura 15 — Taxa de juros reais (% a.a.) — maio de 2017

País	Taxa
Rússia	4,57
Brasil	4,30
Turquia	3,63
Indonésia	3,36
Colômbia	2,57
México	1,96
India	1,67
China	1,56
África do Sul	1,33
Argentina	0,73
Tailândia	0,13
Cingapura	0,12
Nova Zelândia	0,11

Fonte: Infinity Asset Management (2017).

É importante destacar, contudo, que o Brasil tem duas "jabuticabas": juros elevados e *spreads* bancários igualmente elevados. A Tabela 2 mostra os *spreads* bancários nos países mais importantes da América Latina em 2003-2015 e fica claro que o Brasil tem, destacadamente, os maiores *spreads* da região.

Tabela 2 — Spread da taxa de juros*

País	2003	2007	2010	2015
Argentina	8.99	3.08	1.39	3.75
Brasil	45.11	33.14	31.12	31.34
Chile	3.45	3.06	3.00	1.91
Colômbia	7.38	7.37	5.72	6.87
Equador	7.97	9.67	-	-
México	3.94	4.36	4.07	2.83
Paraguai	34.16	20.02	24.82	16.22
Peru	17.89	19.63	17.43	13.82
Uruguai	29.25	6.58	6.16	10.24
Venezuela	7.99	6.40	3.55	4.51

Fonte: World Bank Global Financial Development Database
(*) Diferença entre taxa de empréstimos e taxa de depósito

Um amplo panorama do *spread* bancário ex ante no Brasil — conforme Figura 16 — mostra que os *spreads* médios tiveram uma tendência de declínio após forte elevação em 2002-2004, período de instabilidade macroeconômica e elevadas taxas de juros; mas se mantiveram em patamares superiores a 25% a.a. até 2011, vindo a reduzir somente em 2012/2013[17], período em que o BCB reduziu fortemente a taxa Selic e, na sequência,

---

17 Em 2012, há uma mudança na metodologia do cálculo do *spread* e, por isso, a série é interrompida e substituída por uma nova série, com uma amostra mais ampla de bancos.

os bancos públicos (Banco do Brasil e CEF) entraram na "guerra de redução do *spread*". Já a partir de 2014, há uma forte elevação nos *spreads* bancários, acompanhando o crescimento do *spread* médio nas operações de crédito para pessoas físicas. O comportamento do *spread* no crédito para pessoa jurídica é relativamente mais estável, embora tenha crescido bastante no período 2009–2011, em parte, como resultado da maior aversão ao risco dos bancos no ambiente pós-crise mundial. A Figura 17 mostra que a redução no *spread* bancário ocorrida a partir de 2004 deve-se, principalmente, à acentuada queda na taxa de empréstimos do crédito pessoal, para a qual contribuiu sobremaneira a instituição do crédito consignado em folha justamente em 2004, mas sua elevação também levou a uma elevação nos *spreads* a partir de 2014, movimento de alguma forma acompanhado pela tendência da taxa de empréstimos paga nas operações de crédito para capital de giro. Ambas são as principais modalidades de crédito bancário nas chamadas operações de crédito livre.

Figura 16 — Spread bancário (% a.a.)

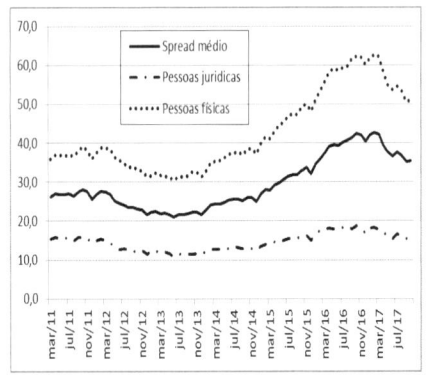

Fonte: BCB (2017).

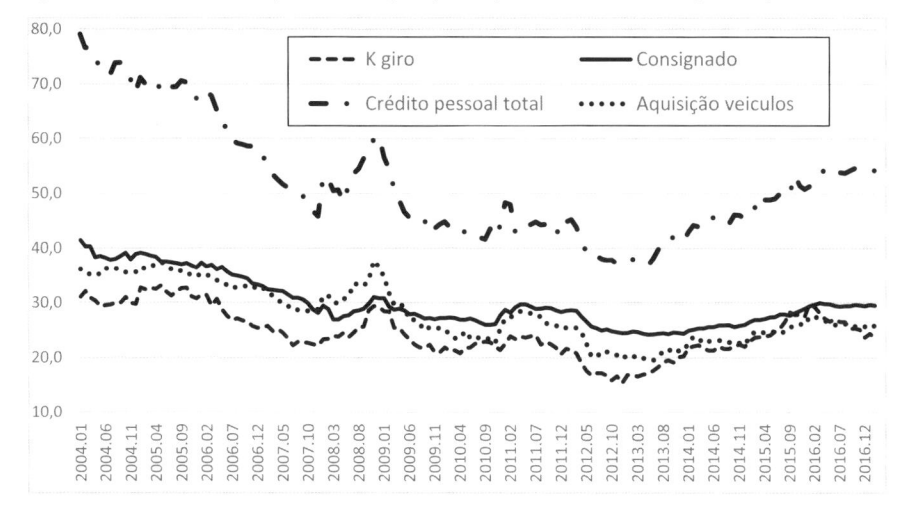

Figura 17 — Taxa de empréstimos por principais modalidades (% a.a.)

Legenda: K giro — Consignado — Crédito pessoal total — Aquisição veículos

Fonte: BCB (2017).

Do ponto de vista dos *determinantes* do *spread* bancário no Brasil, cabe destacar, primeiramente, que vários estudos mostram que os fatores macroeconômicos são mais importantes do que os fatores microeconômicos na explicação dos níveis elevados dos *spreads*, destacando-se, em particular, o impacto das altas taxas de juros de curto prazo (Selic) e sua volatilidade (como *proxy* de risco)[18]. Uma possível explicação para a influência da Selic sobre o nível do *spread* bancário é o elevado custo de oportunidade de crédito, já que os bancos têm a possibilidade de aplicação de seus recursos nas LFTs e operações compromissadas, que, como já visto, são aplicações de alta liquidez, *duration* zero e remuneradas à taxa Selic. Desse modo, os bancos, para emprestarem, embutem no *spread* um elevadíssimo prêmio de risco. Essas duas referidas "jabuticabas", assim, estão, em grande medida, relacionadas. Acrescente-se, ainda, que a existência de aplicações financeiras denominadas na taxa Selic (e sua prima DI) inibe o desenvolvimento do mercado de títulos corporativos privados, que poderiam ser, em tese, uma alternativa das firmas no financiamento da produção, forçando uma competição por fora sobre o mercado de crédito bancário.

---

18   Ver, entre outros, Afanasieff et al. (2002) e Ono et al. (2006).

Em segundo lugar, cabe destacar os elevados compulsórios praticados no Brasil: um trabalho recente (BIS, 2017) mostra que, no período 2008–2015, a alíquota média do compulsório no Brasil foi de 23% (inclui depósitos à vista, a prazo e poupança), enquanto a média dos emergentes é de 15% e a dos países desenvolvidos ficou em 5%. Esse é mais um fator que contribuiu, em função da menor disponibilidade de recursos para empréstimos, para elevar o custo de oportunidade do crédito bancário no país.

Em terceiro lugar, há a questão da elevada concentração bancária no Brasil: conforme mostra a Figura 18, a participação dos cinco maiores bancos no total do ativo bancário atingiu o nível de 90% no final de 2008, quando Itaú e Unibanco fundiram suas operações. Nesse particular, cabe destacar que não há muitos estudos empíricos no Brasil sobre os efeitos da concentração bancária sobre o *spread* bancário, mas tais estudos, em geral, não mostram resultados robustos de que maior concentração leva a maior *spread* (Reis Jr., 2015). Uma possível hipótese é que os bancos exercem seu poder de mercado em determinadas modalidades de crédito (como cheque especial), enquanto que, em outras modalidades, há maior competição (consignado, por exemplo).

Figura 18 — Evolução da concentração no setor bancário — Ativo total

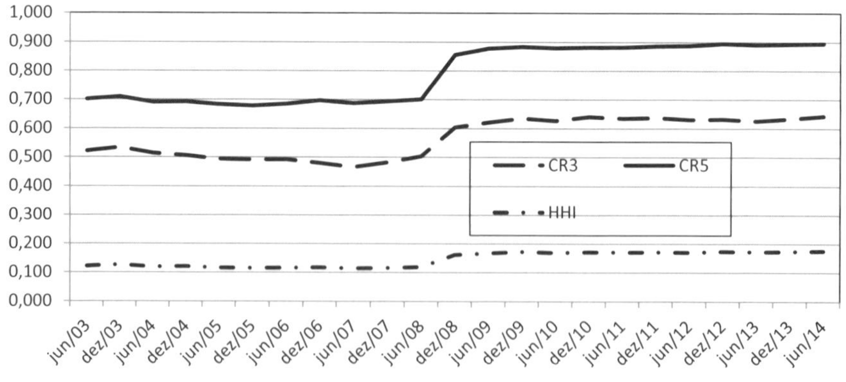

Fonte: Reis Jr. (2015, p. 46).

Já do ponto de vista da decomposição contábil do *spread*, a Tabela 3 destaca a importância das despesas estruturais (principalmente despesas administrativas, de pessoal e tributárias), cujos custos representam cerca de 50% da decomposição, mas a inadimplência tem uma importância grande (mais de 20% a partir de 2008), e tem um movimento fortemente procíclico, como mostra a Figura 19. A diferença entre a inadimplência dos bancos públicos e banco privados deve-se ao fato de os primeiros operarem mais como modalidades de crédito de menor risco, com o consignado, empréstimo imobiliário e empréstimo agrícola.

Tabela 3 — Evolução e decomposição dos componentes do spread bancário ex post no Brasil — 2003-2014 — participação percentual

Período	Tx. de desp. estruturais	Tx. de inadimplência	Tx. de impostos	Resultado líquido
2003	57,01%	14,56%	10,92%	17,51%
2004	57,58%	12,43%	11,98%	18,01%
2005	51,58%	14,99%	13,39%	20,04%
2006	49,04%	17,03%	9,83%	24,09%
2007	50,71%	16,63%	11,57%	21,09%
2008	54,79%	27,05%	-0,13%	18,29%
2009	47,55%	28,07%	11,85%	12,52%
2010	48,20%	20,69%	10,59%	20,52%
2011	49,50%	26,36%	6,92%	17,23%
2012	48,97%	28,60%	5,67%	16,76%
2013	52,89%	27,89%	7,26%	11,96%
2014	53,43%	27,35%	6,31%	12,92%

Fonte: Reis Jr. (2015, p.142)

Figura 19 — Inadimplência (% do crédito) — 2001-2017

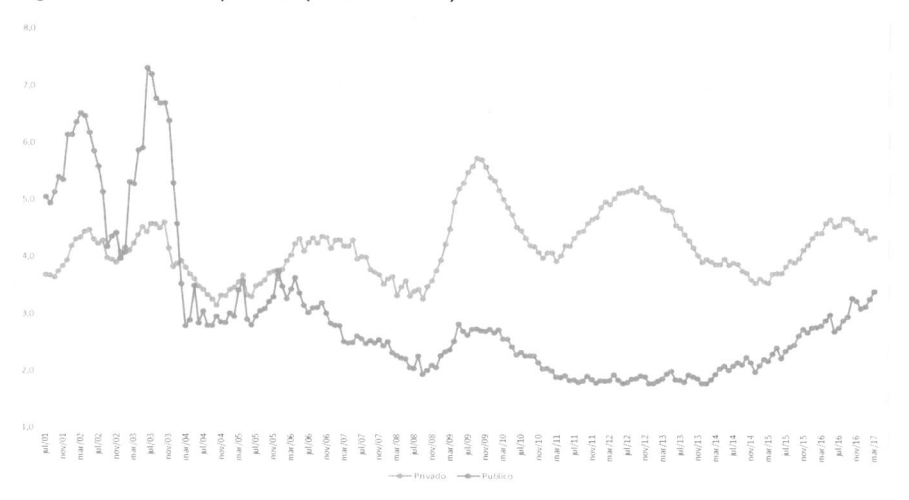

Fonte: BCB (2017).

4

A economia brasileira nos governos Temer e Bolsonaro[1]

A economia brasileira, após um período de crescimento de 3,80% a.a., na média do período 2004–2013, entrou em forte recessão a partir de 2014, com taxa média do PIB real de -1,87% a.a. no período 2014–2016. Além da forte e prolongada recessão — segundo Pires et al. (2019), mais profunda que a ocorrida na economia norte-americana após a crise de 2018 e com magnitude semelhante à recessão ocorrida em Portugal, Itália e Espanha —, chama a atenção o ritmo extremamente lento de recuperação

---

1 Os autores agradecem os dados fornecidos por Manoel Pires, Nelson Marconi, Ricardo Barboza e Tiago Meyer. Capítulo escrito com dados e informações disponíveis em setembro de 2019.

econômica: a taxa média de crescimento no período 2017–2019[2] é de apenas 0,98% a.a. Essa recuperação tem sido atipicamente lenta, na realidade, caracterizando uma situação de estagnação econômica, já que Borça et al. (2019) mostram que, historicamente, as recessões brasileiras são breves e pouco profundas, com recuperações relativamente rápidas. Acompanhando a estagnação da economia brasileira, observa-se uma recuperação ainda mais lenta da taxa de desocupação: redução de 13,7%, em março de 2017, para apenas 12,3% em maio de 2019.

Após um período conturbado de mudanças na condução da política econômica — desde a implementação da assim chamada "Nova Matriz Macroeconômica" em 2012 até a virada para uma política econômica ortodoxa em 2015, durante o governo Dilma Rousseff, desde o governo Temer, a partir de maio de 2016, até o governo Bolsonaro, a partir de janeiro de 2019, houve uma mudança profunda na condução da política econômica, adotando-se explicitamente uma agenda ortodoxa-liberal. Essa agenda tem direcionado a economia para um novo modelo de desenvolvimento, baseado em reformas liberalizantes (reforma trabalhista, reforma previdenciária etc.) e na reafirmação das políticas econômicas conduzidas de forma ortodoxa: uma política monetária mais conservadora (sob argumento de "ancorar expectativas inflacionárias" dos agentes), uma política fiscal contracionista (implementação do teto de gastos com base no argumento da "contração fiscal expansionista") e uma política cambial mais flexível (inclusive sinalizando para maior conversibilidade do real). Na nossa avaliação, há uma linha de continuidade entre a política econômica de Temer/Meirelles e de Bolsonaro/Guedes, no sentido de que a mudança no "modelo" de desenvolvimento — implementação de políticas puramente ortodoxas em contexto de desaceleração e medidas

---

2 Considerando uma projeção de crescimento de 0,87% em 2019, conforme Focus de 07/09/2019.

de diminuição do papel do Estado na economia — iniciou-se no governo Temer e tem sido aprofundada no governo Bolsonaro[3].

Nesse contexto, o objetivo deste capítulo é analisar as razões conjunturais e estruturais do processo de estagnação em que se encontra a economia brasileira e avaliar em que medida a política e a agenda econômicas implementadas por Temer e Bolsonaro têm sido ou não eficazes para enfrentar a atual estagnação.

A hipótese geral do capítulo é a de que a política ortodoxa-liberal que vem sendo implementada é equivocada e incapaz de dar sustentação a um novo ciclo de crescimento para a economia brasileira, sendo mais provável a manutenção de uma economia estagnada, que resulta em uma tendência permanente de um baixo crescimento. Em particular, sustentamos que a economia brasileira está estagnada em função de: (i) um conjunto de fatores estruturais (desindustrialização, histerese no mercado de trabalho etc.) e conjunturais (*overkill* da política econômica, *balance sheet effect* etc.); (ii) a combinação de um conjunto de fatores endógenos (dependentes da ação do governo, como políticas de austeridade) e exógenos (queda de preços de commodities em 2019; guerra comercial EUA/China; recessão na Argentina etc.).

O capítulo está dividido em três seções, além desta introdução. Na seção "Uma economia em marcha lenta", analisamos as razões pelas quais a economia brasileira está em "marcha lenta". Já a seção "A política econômica de Temer e Bolsonaro" avalia a política econômica Temer/Bolsonaro

---

3 Ao final de 2015, o PMDB, então presidido pelo Temer, lançou o programa "Ponte para o Futuro", objetivando cativar o empresariado e as entidades patronais em linha de fogo aberto contra o Governo. O programa — que defendia uma guinada liberal na política econômica — foi fundamental para arregimentar definitivamente o empresariado em torno de Temer e da bandeira de deposição contra Rousseff. Conforme reportagem da BBC News Brasil, de 22/07/2019, Michel Temer afirmou que "O governo Bolsonaro vai bem porque está dando sequência ao meu", caracterizando uma continuidade entre a política econômica dos dois governos.

e suas consequências, enquanto que na "Conclusão", teceremos as considerações finais ao capítulo.

Uma economia em marcha lenta

Recessão e tendência à estagnação

Como já assinalamos inicialmente, a economia brasileira, após uma recessão aguda em 2014–2016, teve em um processo de recuperação lenta, podendo, na realidade, ser caracterizado como uma situação de estagnação, isto é, uma economia com crescimento baixo e estável, em torno de 1,0% ao ano no período 2017–2019 (o que implica um crescimento praticamente nulo do PIB per capita), como pode ser visto na Figura 1. A Figura 2, por sua vez, mostra que o setor de serviços e o setor industrial (este estagnado desde meados de 2008) declinaram a partir do início de 2015, sendo a única exceção o setor agropecuário, que continuou a se expandir nesse período, puxado pelo desempenho das exportações, sendo a recuperação bastante lenta em todos os outros setores.

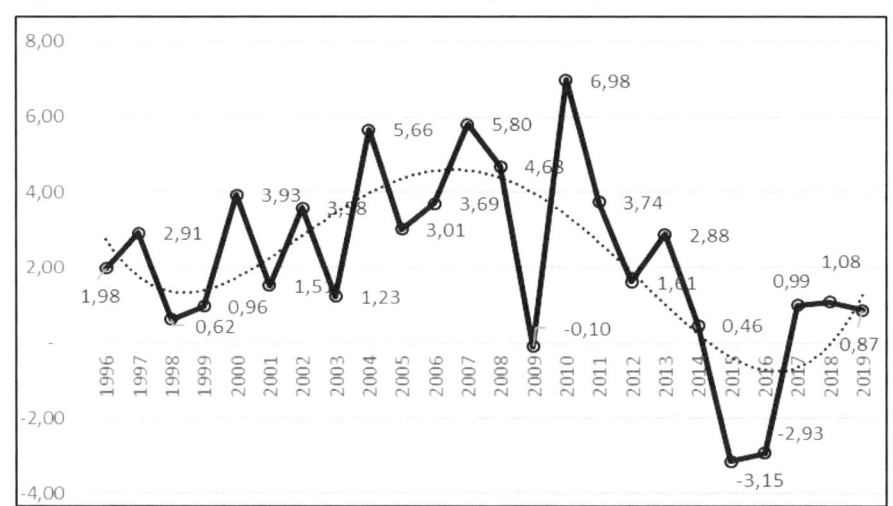

Figura 1 — Taxa de crescimento do PIB real (% ao ano)

Fonte: IPEADATA (2019) e BCB (2019).
OBS: PIB de 2019 com base na projeção do Focus de 07/09/2019.

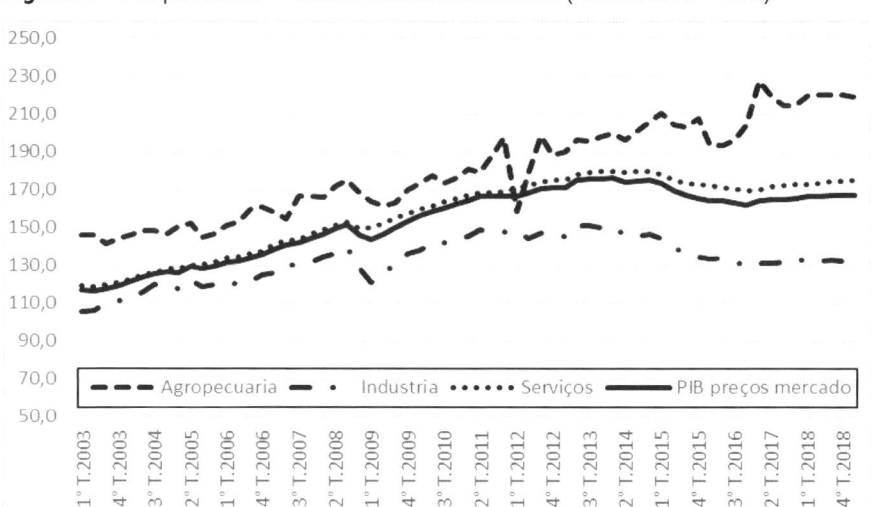

Figura 2 — PIB por setor — dados dessazonalizados (média 1995 = 100)

Fonte: IPEADATA (2019)

Já do ponto de vista dos componentes de gasto do PIB, a maioria dos dispêndios declinou a partir de 2015, com exceção das exportações, favorecidas tanto pela forte desvalorização cambial ocorrida nesse ano quanto pelo aumento nos preços das commodities ocorrido em 2016. A reação do consumo das famílias (responsável por mais de 50% do PIB do ponto de vista do gasto) e da formação bruta de capital fixa tem sido muito lenta, mantendo-se esses componentes da demanda praticamente estagnados no período relativo ao 1º trimestre de 2016 e 1º trimestre de 2019 (Figura 3). Desse modo, observa-se, pelo lado dos gastos, uma economia em estado de estagnação[4].

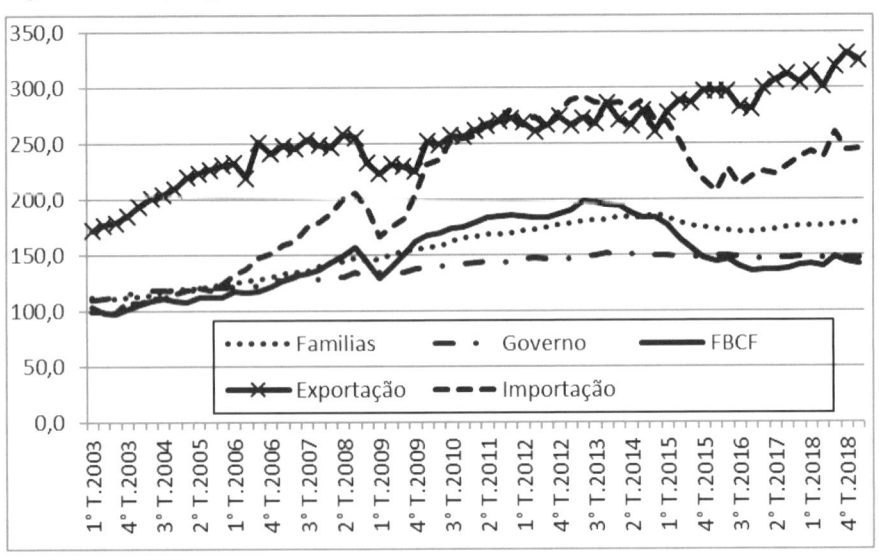

Figura 3 — PIB por gasto — dados dessazonalizados (média 1995 = 100)

Fonte: IPEADATA (2019).

---

4 Uma economia estagnada é entendida aqui como uma economia que se mantém em baixo crescimento por um período prolongado, sem que isso caracterize uma recessão.

A forte desaceleração econômica veio acompanhada de um agudo crescimento na taxa de desocupação, que aumentou celeremente de 6,5%, em dezembro de 2014, para 13,7%, em março de 2017, mantendo-se, desde então, em torno de 12%, permanecendo nesse patamar elevado sem uma tendência de redução mais significativa (Figura 4). O aumento na taxa de desocupação atingiu a grande maioria dos setores da economia, mas foi particularmente agudo no setor de construção civil (responsável por 22% do aumento da taxa entre 2014 e 2016), dependente dos programas do Governo e atingido pela paralisia no setor causado pela operação Lava Jato. Observa-se, assim, que a lenta recuperação da economia brasileira, após a recessão, não tem sido acompanhada de um aumento mais significativo do nível de emprego.

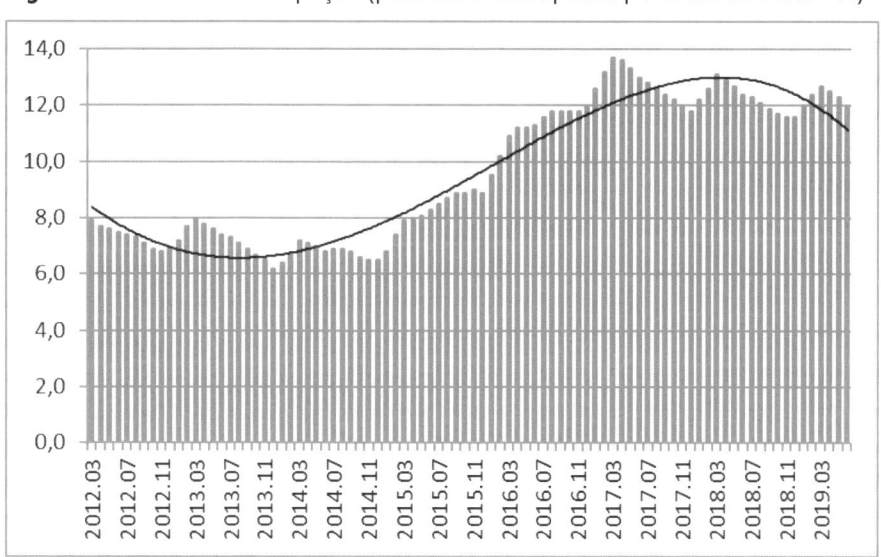

Figura 4 — Taxa de desocupação (pessoas desocupadas por mais de 1 ano - %)

Fonte: Elaboração própria com base em dados do IBGE (2019).

A lenta recuperação do mercado de trabalho, ademais, está baseada no aumento do trabalho informal (trabalhadores sem carteira, empregadores e trabalhadores por conta própria sem CNPJ e trabalhadores familiares auxiliares), com inserção de trabalhadores com menores salários, em função tanto do referido aumento da informalidade quanto da dificuldade de barganha salarial dos trabalhadores já empregados dado o alto nível de desocupação. Essa piora qualitativa do mercado de trabalho, que vem ocorrendo ao longo de 2019, acaba limitando o crescimento da massa salarial e reduzindo, assim, o crescimento do consumo das famílias (Carrança, 2019). Como mostra a Figura 5, desde 2018 o crescimento da vendas reais no varejo vem se mantendo estagnado.

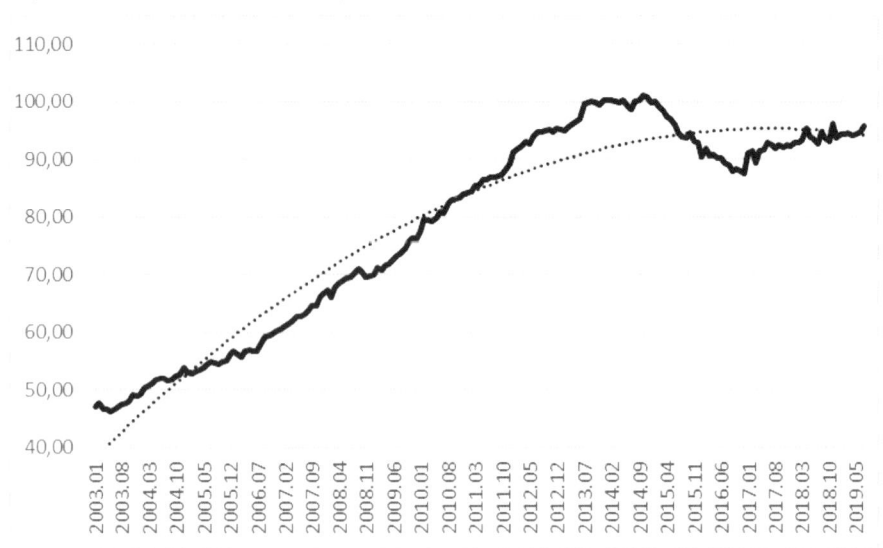

Figura 5 — Vendas reais — varejo — índice dessazonalizado (média 2014 = 100)

Fonte: IPEADATA (2019).

Esse movimento no mercado de trabalho tem sido acompanhado por um aumento na concentração de renda desde 2015, em função da manutenção de elevados patamares de desemprego e desalento, como também do aumento da desigualdade entre trabalhadores: segundo Barbosa (2019a), em meados de 2014, os 50% mais pobres apropriavam-se de cerca de 5,7% de toda a renda de trabalho, enquanto que no 1º trimestre de 2019 essa proporção caiu para 3,5%, uma queda de quase 40%. Já os 10% mais ricos da população, que recebiam cerca de 49% do total de renda de trabalho em meados de 2014, aumentaram-na para 52% no início de 2019, um acréscimo de 30% na fração da renda apropriada pelos 10% mais ricos

Após o repique inflacionário em 2015, resultado do choque de oferta causado pela combinação dos aumentos dos preços de energia elétrica e de petróleo com uma forte desvalorização cambial, a inflação — medida pelo IPCA — despencou a partir do início de 2016, de 10,7% a.a. para 2,5% a.a. em agosto de 2017, voltando a crescer em meados de 2018 (fechando em 3,75% a.a., abaixo da meta de 4,5%) e novamente desacelerando em 2019. Como pode ser visto na Figura 6, a redução na inflação — alcançando a taxa de 3,2% a.a. em julho de 2019, bem abaixo da meta de 4,25% para o ano de 2019 — tem sido puxada principalmente pelo movimento dos preços livres, fortemente impactados por uma economia estagnada e pelo elevado nível da taxa de desocupação. Nota-se, assim, que a taxa de inflação tem ficado abaixo do centro da meta desde o início de 2017.

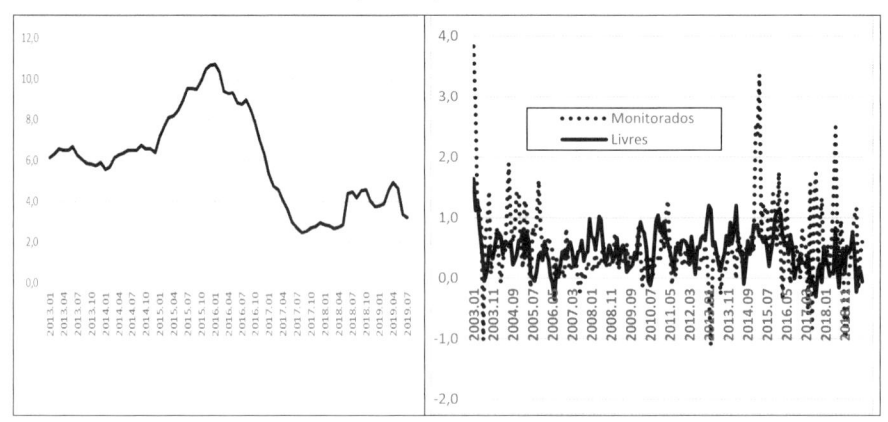

Figura 6 — IPCA (% a.a. — acumulado nos últimos 12 meses) e preços monitorados e livres (% a.m.)

Fonte: IBGE (2019) e BCB (2019).

Fatores conjunturais

Uma característica da (fraca) recuperação econômica pós-recessão de 2014–2016 é que ela tem sido atipicamente lenta quando comparada, por exemplo, com as recuperações ocorridas após as recessões de 1981–1983 e 1989–1992, mesmo considerando que a recessão recente foi bem mais profunda. Desse modo, seria de se esperar uma recuperação cíclica mais robusta, que, como vimos, não aconteceu. Segundo Pires et al. (2019), a retomada econômica brasileira é semelhante à dos países da Zona do Euro pós-crise financeira (exceção da Grécia), países que tinham restrições na utilização de instrumentos contracíclicos. Vários fatores contribuíram para tal comportamento.

Em primeiro lugar, e mais importante, o principal problema da economia brasileira tem sido a *falta de demanda* e não de um eventual problema de oferta. De acordo com Borges (2018), a falta de demanda é decorrência de um *overkill* decorrente de um conservadorismo excessivo da política econômica. A manutenção de uma política monetária contracionista por um período muito prolongado, com manutenção de uma taxa Selic acima do juro neutro da economia a partir de meados de 2017, num contexto em que a política fiscal e, sobretudo, financeira (desembolsos do BNDES) também foram contracionistas, contribuiu sobremaneira para a economia ter uma recuperação lenta, com tendência à estagnação. De fato, é como se o governo, em meio à recuperação cíclica da economia, puxasse ao mesmo tempo todos os freios da economia.

A Figura 7 apresenta média, mediana e desvio-padrão de nove estimativas independentes do hiato do produto para a economia brasileira (sendo três estimativas do IBRE/FGV, duas da LCA, duas da MCM, uma da IFI/Senado e uma do IPEA): como pode ser visto tanto na média quanto na mediana, a economia brasileira estava, no 1º trimestre de 2019, operando com cerca de 5,5% abaixo do seu potencial, o que mostra que o excesso de capacidade ociosa pouco se alterou desde o final de 2016 (Pires et al., 2019), conforme pode ser visto na Figura 8.

Figura 7 — Hiato do produto — Média e mediana simples de 9 estimativas (1996-2019)

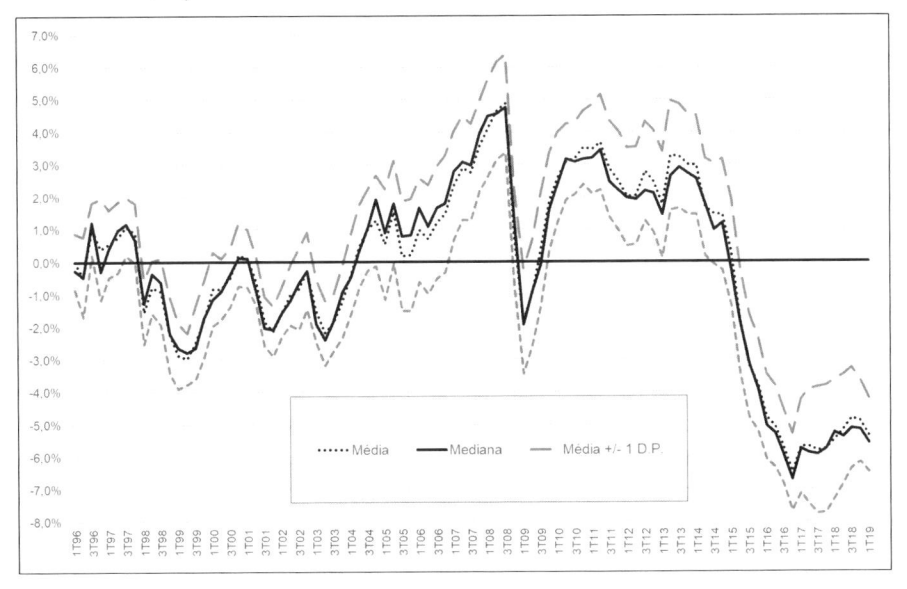

Fonte: Pires et al. (2019), a partir de dados da LCA, MCM, IBRE/FGV, IFI/Senado de IPEA.

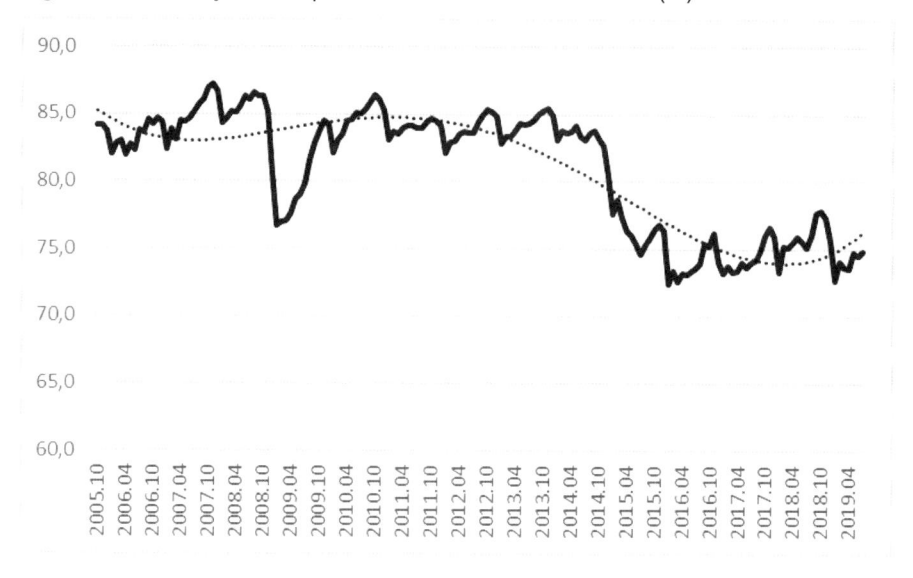

Figura 8 — Utilização de capacidade instalada na indústria (%)

Fonte: IPEADATA (2019).

Em segundo lugar, após um longo ciclo de expansão do crédito (2004–2014), em que a relação crédito/PIB cresceu de 23% para 58%, observa-se um *credit crunch* — isto é, um colapso no mercado de crédito — na economia brasileira a partir de 2015, decorrente da combinação de aumento no endividamento dos agentes (famílias e firmas) com um forte choque de juros. Como pode ser visto na Figura 9, a taxa de crescimento real do crédito despencou a partir do início de 2015, tanto para o crédito livre quanto para o crédito direcionado, sendo que, neste último caso, a queda na oferta de crédito do BNDES — que passa por uma radical mudança operacional (em particular no que se refere à devolução de recursos para o Tesouro) — contribuiu sobremaneira para essa redução, que volta a acontecer a partir de 2018, neutralizando a recuperação parcial das modalidades de crédito livre[5]. A forte redução do balanço do BNDES coloca em dúvida se o segmento privado do sistema financeiro será capaz de ofertar crédito (bancário ou via mercado de capitais) na magnitude necessária para um novo ciclo de crescimento.

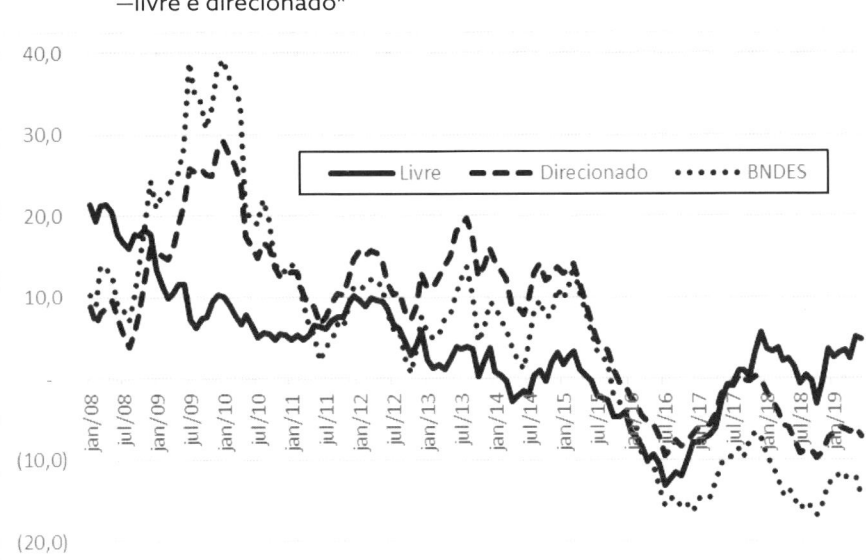

Figura 9 — Taxa de crescimento do crédito em relação a 12 meses anteriores (%) —livre e direcionado*

Fonte: Elaboração própria com base em dados do BCB (2019).
(*) Valores deflacionados pelo IGP-M de julho de 2019

Em terceiro lugar, e relacionado ao anterior, o elevado endividamento das firmas e das famílias gerou uma *balance sheet recession*, ou seja, uma queda do nível de atividade econômica e da demanda agregada devido

---

5   As operações de crédito com operações livres correspondem aos contratos de financiamentos e empréstimos com taxas de juros livremente pactuadas entre instituições financeiras e mutuários. Nas operações livres, as instituições financeiras têm autonomia sobre a destinação dos recursos captados em mercado. Já as operações de crédito com recursos direcionados são aquelas regulamentadas pelo CMN ou vinculadas a recursos orçamentários, sendo destinadas, basicamente, ao financiamento da produção e do investimento de médio e longo prazos aos setores imobiliário, rural e de infraestrutura.

ao processo de desalavancagem das firmas e das famílias (Gala, 2018). A economia brasileira — após sofrer o efeito-contágio da crise financeira internacional — retomou o ciclo de expansão do crédito no período pós-2008, agora liderado pelo segmento dos bancos públicos, que resultou num aumento significativo do grau de alavancagem das empresas não financeiras e do comprometimento de renda das famílias com endividamento bancário. De fato, a elevação da taxa de juros a partir de 2015, em conjunto com a forte desvalorização da taxa nominal de câmbio, levou as empresas e as famílias a desalavancar seus balanços, contraindo os gastos com investimento e consumo, um processo que tem sido lento e parcialmente revertido.

Como mostra a Figura 10, o endividamento das famílias em relação à renda acumulada nos últimos 12 meses cresceu de 18,5%, em janeiro de 2005, para 46,6%, em janeiro de 2015, vindo, então, a cair para 41,7% em setembro de 2017, mas voltando a crescer para 44,0% em maio de 2019. Por outro lado, observa-se que as firmas foram se fragilizando financeiramente de 2007 a 2015, devido ao aumento das despesas financeiras e compromissos financeiros de curto prazo em relação à geração de caixa, vindo a desalavancar apenas parcialmente em 2016 e 2017. Como pode ser visto na Figura 11, o indicador de fragilidade financeira das empresas de capital aberto reduziu de 1,69 em 2007 para 0,38 em 2015 (o que significa que a geração de caixa só cobre 38% das despesas e compromissos financeiros), vindo a elevar-se para 0,85 em 2017. Nesse contexto de uma ainda elevada alavancagem, a política monetária mais expansionista perde parcialmente eficácia e a recuperação do nível de atividade é mais demorada.

Figura 10 — Endividamento das famílias (em relação à renda acumulada nos últimos 12 meses - %)

Fonte: Banco Central do Brasil (2019).

Figura 11 — Fragilidade financeira das firmas*

Fonte: Meyer (2019) com base em dados do balanço de firmas obtidos na Economática
(*) Geração de Caixa (EBITDA) / Despesas Financeiras e Compromissos Financeiros de Curto Prazo.

A velocidade do processo de desalavancagem — que exige que o setor privado não financeiro se torne superavitário — depende da disposição e da capacidade do setor público em compensar o aumento do superavit do setor privado por uma redução (ou aumento) do seu próprio superavit (deficit). As regras fiscais aprovadas no governo Temer ao final de 2016, contudo, impedem o uso da política fiscal como instrumento anticíclico.

De fato, a chamada PEC 241/55 tem como objetivo reduzir a trajetória de crescimento dos gastos públicos no Brasil e equilibrar de forma definitiva as contas públicas, fixando por até 20 anos um limite para as despesas primárias, que passam a ser reajustadas pelos gastos realizados no ano anterior corrigidos pela inflação; ao mesmo tempo em que manteve a meta de resultado primário, estabelecido na Lei de Responsabilidade Fiscal. Segundo Barbosa (2019b), há dois problemas nessas regras. Por um lado, a *meta do resultado primário* gera um comportamento procíclico da política fiscal: se a economia crescer mais rápido do que projetado no orçamento, as receitas tributárias serão, também, maiores do que projetado, podendo o governo gastar mais, contribuindo para acelerar a economia; se o crescimento econômico estiver abaixo do previsto, o governo é forçado a cortar despesas discricionárias para cumprir a meta de resultado primário, resultando em uma contração fiscal no momento em que a economia está operando abaixo do esperado. Por outro lado, com a *meta de gastos*, o resultado do governo torna-se a variável de ajuste: se a economia crescer mais rápido do que o esperado, o governo arrecadará mais do que previsto, mas *não* poderá gastar o excedente, uma vez que sua despesa está limitada pela regra estabelecida; por outro lado, como, pela nova regra do teto, o gasto total tem crescimento igual a zero em termos reais, se o crescimento dos gastos obrigatórios em termos reais for maior do que zero, então o gasto discricionário deverá ser reduzido no mesmo montante para que o gasto primário permaneça constante e não ultrapasse a meta, sendo essa situação particularmente grave em um momento em que economia está crescendo pouco e a arrecadação fiscal está baixa.

O resultado dessa regra é que, dada a dificuldade de atingir a meta do teto do gasto, o governo se vê obrigado a cortar mais e mais gastos discricionários, razão pela qual o ministro Paulo Guedes tem defendido a desvinculação das despesas obrigatórias.

A Figura 12 mostra a decomposição do resultado fiscal estrutural, que corresponde ao resultado primário que seria observado como o PIB em seu nível potencial, o preço do petróleo igual ao valor igual de equilíbrio de longo prazo e sem receitas e gastos não recorrentes. O indicador mede, assim, o esforço discricionário e recorrente do setor público para alcançar a solvência de longo prazo, sendo que sua variação retrata em que medida houve deterioração ou melhora fiscal (Ministério da Economia, 2019). Como pode ser observado na referida figura, há uma forte deterioração do resultado primário (convencional) a partir de 2014, vindo a atingir um deficit de 2,5% do PIB em 2016, sendo que o fator principal para tal deterioração foi o "componente cíclico", que responde por 1,9% do PIB em média no período 2015–2018, sendo apenas parcialmente atenuado por receitas não recorrentes (principalmente bônus relativos aos leilões do pré-sal). Desse modo, fica claro que o principal fator responsável pela deterioração fiscal a partir de 2015 foi o efeito da desaceleração econômica sobre a arrecadação fiscal de modo geral. Já o impulso fiscal, medido pela variação do resultado estrutural, mostra uma forte tendência contracionista em 2015 (-1,8%), expansionista em 2016 (0,8%) e relativamente neutro em 2017 (-0,3%) e 2018 (0,2%).

Figura 12 — Decomposição do resultado estrutural fiscal (% do PIB) — 2003-2018

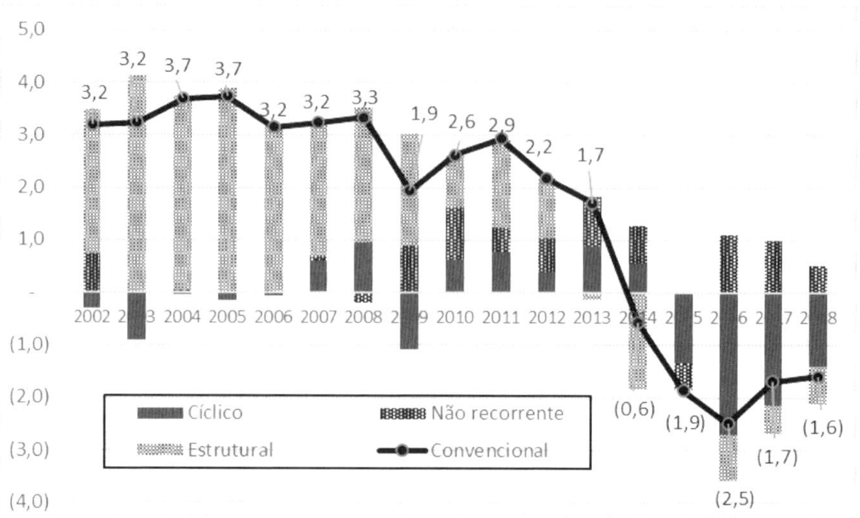

[Gráfico com legenda: Cíclico, Não recorrente, Estrutural, Convencional. Valores convencionais: 3,2; 3,2; 3,7; 3,7; 3,2; 3,2; 3,3; 1,9; 2,6; 2,9; 2,2; 1,7; (0,6); (1,9); (1,7); (1,6); (2,5)]

Fonte: Ministério da Fazenda (2019).

Um dos resultados da deterioração fiscal e da recente amarração institucional — que torna a política fiscal permanentemente procíclica, sendo impedida de ser utilizada como instrumento de estabilização do ciclo econômico — é a queda do investimento público em relação ao PIB, já que é um gasto discricionário, caindo de 4,06%, em 2013, para 2,43%, em 2018, com uma expectativa de uma redução ainda maior em 2019 (Figura 13). Como atesta a literatura (IMF, 2014), há uma forte complementaridade entre investimento privado e investimento público, em particular no que se refere aos investimentos em infraestrutura, que têm alta externalidade para outros setores da economia.

Figura 13 — Investimento público (% do PIB) — 1946-2018

Fonte: Tesouro Nacional (2019).

Por último, observa-se uma tendência recente de deterioração na economia internacional, como resultado da guerra comercial entre EUA-China — desaceleração econômica na Zona do Euro e na China; crise argentina etc. —, com efeitos sobre a economia brasileira tanto nos fluxos de comércio quanto nos fluxos financeiros[6]. Em particular, há uma deterioração nos termos de troca do país em curso desde o final de 2011, com um repique de meados de 2016 para meados de 2017, sendo a queda recente devida, em parte, à redução nos preços das commodities (Figura 14). Desse modo, não se deve esperar uma compensação da estagnação do mercado interno por um desempenho mais robusto das exportações líquidas do país.

---

6 Segundo o IMF (2019a), a taxa de crescimento da economia mundial cai de 3,8%, em 2017, para 3,6%, em 2018, e (previsão) para 3,2%, em 2019, enquanto que o crescimento do volume do comércio internacional cai ainda mais: de 5,5% a.a., em 2017, para 3,7%, em 2018, e (estimado) 2,5% em 2019.

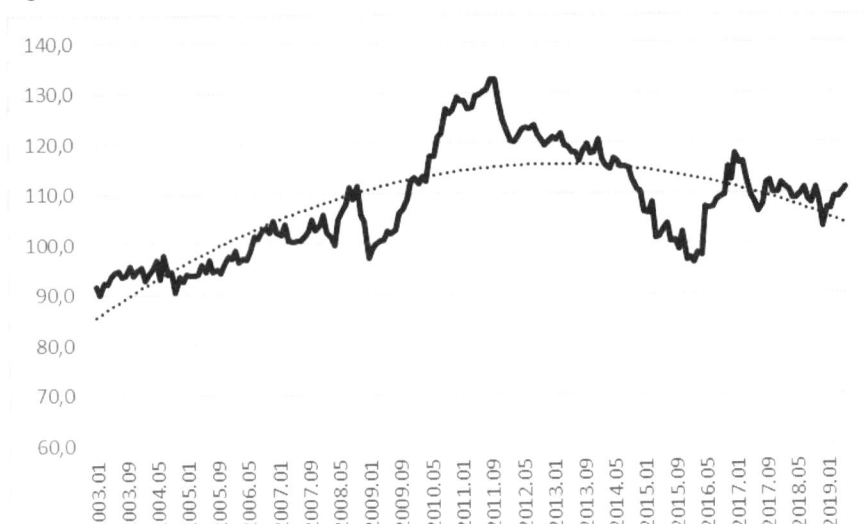

Figura 14 — Termos de troca

Fonte: IPEADATA (2019)
(*) Termos de troca: definidos como a relação entre os preços das exportações do país (P_X) e os das suas importações (P_M).

De acordo com Barboza e Campello (2019), existe uma forte correlação positiva entre crescimento do índice CRB de preços de commodities e o PIB brasileiro, de 76% entre junho de 2005 e junho de 2019. Os autores sugerem que a influência dos preços das commodities vai além das exportações brasileiras, uma vez que aumentos nos preços das commodities: (i) atraem fluxos de capital para o país, o que permite ampliar a liquidez e o crédito; (ii) aumentam o preço das ações e o investimento das empresas listadas; (iii) geram uma tendência de apreciação da taxa de câmbio, o que alivia o balanço das empresas endividadas em moeda estrangeira e reduz os preços dos bens de capital importados, com efeitos positivos sobre investimento, sendo os efeitos contrários no caso de uma queda nos preços das commodities, como parece ser o caso da economia brasileira em 2019.

Fatores estruturais

Além dos fatores conjunturais que têm contribuído para manter a economia brasileira estagnada, como visto acima, devem-se considerar alguns fatores estruturais que impactam de forma mais profunda a economia brasileira, uma vez que atingem a própria estrutura produtiva. Destacamos, nesse particular, dois fatores: histerese no crescimento econômico e o problema da desindustrialização.

Em relação ao primeiro fato, o *efeito histerese na economia* decorre do baixo crescimento verificado pela economia nos últimos cinco anos, que tem contribuído para reduzir o crescimento potencial da economia por uma série de mecanismos como, por exemplo, o envelhecimento do estoque de capital físico devido à falta de investimentos na manutenção e modernização do estoque de capital existente, com reflexos diretos em termos de redução da produtividade do trabalho e do capital; perda de treinamento e habilidades dos trabalhadores desempregados em função do aumento da participação do desemprego de longo prazo (gerado pelo fato de que parte das pessoas desempregadas por um longo período acabam afastadas do mercado de trabalho, sobretudo aquelas de idade mais avançada), igualmente com efeitos negativos sobre a produtividade do trabalho, dentre outros fatores.

Em particular no mercado de trabalho, a taxa de desemprego na economia é parcialmente influenciada pelo caminho para alcançar o "equilíbrio", ou seja, é *path dependent* (dependente da trajetória). Isso porque períodos prolongados de níveis de baixa atividade econômica alteram a taxa de desemprego da economia: uma alta taxa de desemprego tende a gerar um número crescente de desemprego de longo prazo, diminuindo a influência da barganha salarial por melhores salários. Se o efeito da histerese é importante, a taxa de sacrifício associada à desinflação e recessão é muito maior do que sugerido pela hipótese da taxa natural de desemprego, uma vez que o desemprego tende a persistir no tempo.

No que se refere ao segundo fator, tendência à *desindustrialização da economia brasileira,* verificada nos últimos 10 anos, os efeitos negativos sobre o crescimento de longo prazo decorrem do fato de que o setor manufatureiro, além de ser portador de progresso técnico, e, portanto, ter maiores níveis de produtividade (além de pagar melhores salários), tem forte efeito de encadeamento na economia, com capacidade de puxar outros setores. A indústria é caracterizada pela presença de economias estáticas e dinâmicas de escala, de tal forma que a produtividade na indústria é uma função crescente da produção industrial (Oreiro e Feijó, 2010).

A desindustrialização da economia brasileira é considerada prematura, pois ocorre em um país que não alcançou o nível de renda per capita que os países desenvolvidos tinham quando iniciaram o seu processo de desindustrialização. Como pode ser visto na Figura 15, a participação da indústria no valor adicionado do PIB, que chegou a atingir 20% no final dos anos 1970, vem caindo desde o início dos anos 1980, mas se acentua a partir de 2008, quando cai de 14,5% para 11,2% em 2016, atingindo os níveis mais baixos no período pós-2ª Guerra Mundial.

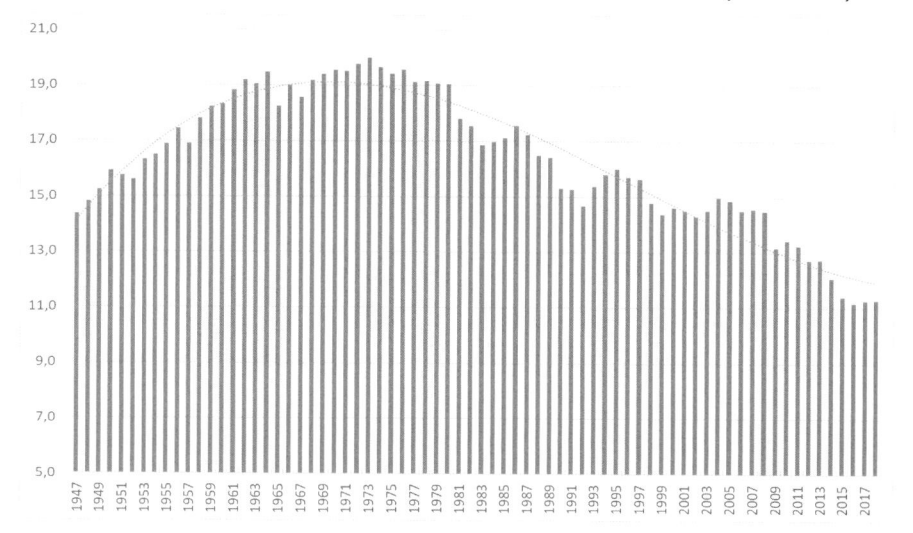

Figura 15 — Participação da indústria no valor adicionado ao PIB (% no total)

Fonte: IBGE (2019).

Uma das consequências desse processo de desindustrialização, em contraste com o maior dinamismo exportador do setor de commodities, é o forte processo de "reprimarização" da pauta de exportação brasileira. A Figura 16 mostra a evolução do saldo da balança comercial dos setores básicos, semimanufaturados e manufaturados. Pode-se observar uma clara tendência em que o aumento das exportações líquidas dos produtos básicos, a partir de 2007, vem acompanhado de forte queda no desempenho dos produtos manufaturados, enquanto que bens semimanufaturados mantêm um desempenho estável.

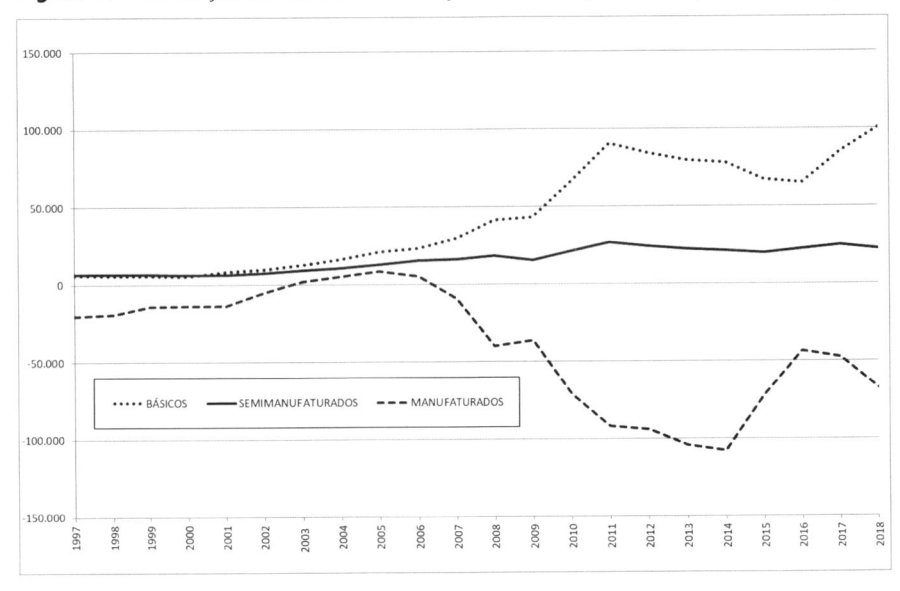

Figura 16 – Evolução do saldo da balança comercial por setor (US$ milhões)

Fonte: MDIC (2019).

O fenômeno recente de desindustrialização esteve relacionado a vários fatores. Um desses fatores é a forte concorrência dos produtos manufaturados chineses a partir de 2009, favorecidos por uma taxa de câmbio depreciada em termos reais, decorrente de uma política cambial ativa combinada com controles sobre fluxos de capitais por parte do governo chinês. Outro fator importante é o *esmagamento da taxa de lucro* das empresas industriais, comprimida pela combinação entre taxa de câmbio apreciada e crescimento dos salários em alguns segmentos acima da produtividade. A tendência de apreciação da moeda nacional no período 2004–2011 decorreu da combinação (inicial) de um *boom* de commodities e do afluxo de capitais externos explorando o diferencial entre taxa de juros doméstica e taxa de juros externa, em operações típicas de *carry trade*, combinada com uma política tolerante com a apreciação cambial por parte do Banco Central do Brasil. A Figura 17 mostra uma clara tendência de apreciação da taxa de câmbio em relação ao salário no período 2004–2012, mantendo-se mais ou menos estável desde então e com uma tendência de depreciação a partir de 2015.

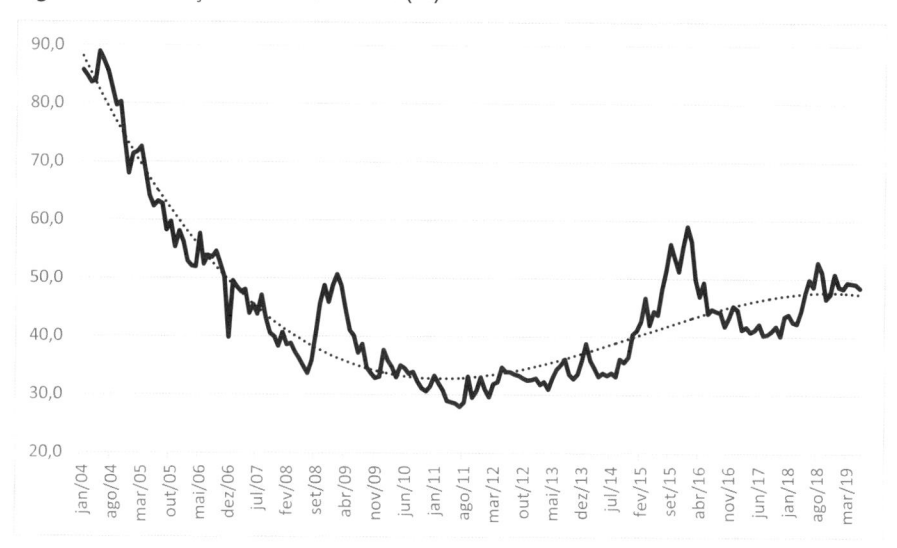

Figura 17 — Relação câmbio/salário (%)

Fonte: Banco Central do Brasil (2019).

Cabe destacar que o fenômeno de desindustrialização veio acompanhado do aumento do coeficiente de importações da indústria de transformação, como mostra a Figura 18, passando de 15,3%, em 2009, para mais de 18%, a partir de 2012, vindo a alcançar 22,4% em 2018, neste último período, coincidindo com uma tendência de depreciação da moeda. Este último comportamento parece expressar o fato de que, após anos de apreciação cambial, as indústrias brasileiras passaram a substituir o conteúdo local por importado, mas sem correspondente aumento das exportações, o que explica o aumento do deficit comercial de manufaturados. Tornaram-se, assim, uma espécie de "maquiladoras" voltadas para o mercado interno, fazendo parte de cadeias produtivas crescentemente desarticuladas doméstica e internacionalmente. Como tais empresas importam muito e exportam pouco, acabam por se beneficiar no curto prazo por uma nova apreciação cambial e uma eventual redução das alíquotas de importação, mas com baixa capacidade de encadeamento no aparato produtivo como um todo (Marconi et al., 2019). Ao mesmo tempo, ocorre um comportamento não esperado do setor industrial: como as empresas adotaram uma estratégia defensiva frente um longo período de apreciação cambial, suas importações (de insumos e máquinas) acabam por se tornar insensíveis à desvalorização cambial.

Figura 18 — Coeficiente de penetração de importações da indústria de transformação* (%)

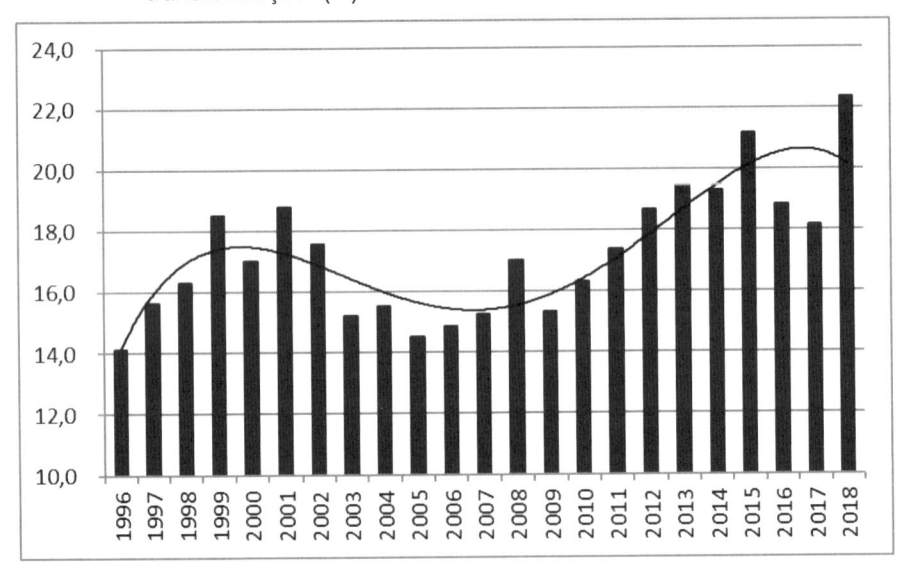

Fonte: FUNCEX (2019).

(*) Coeficiente de penetração das importações refere-se à parcela do consumo aparente — i.e., da oferta interna — atendida pelas importações.

O esmagamento de lucros fica claro quando se observa a Figura 19, que mostra que o retorno sobre patrimônio líquido (ROE) reduz gradualmente a partir de 2011, acompanhado pela forte queda do *mark-up* das firmas e pela margem líquida, expressando a forte queda de rentabilidade das empresas brasileiras. Essa tendência foi apenas parcialmente revertida a partir de meados de 2016, mas mantendo-se muito aquém dos níveis prevalecentes até 2011. Um dos resultados da perda de rentabilidade do setor manufatureiro e da atrofia do setor é o desincentivo ao investimento produtivo em um setor intensivo em capital.

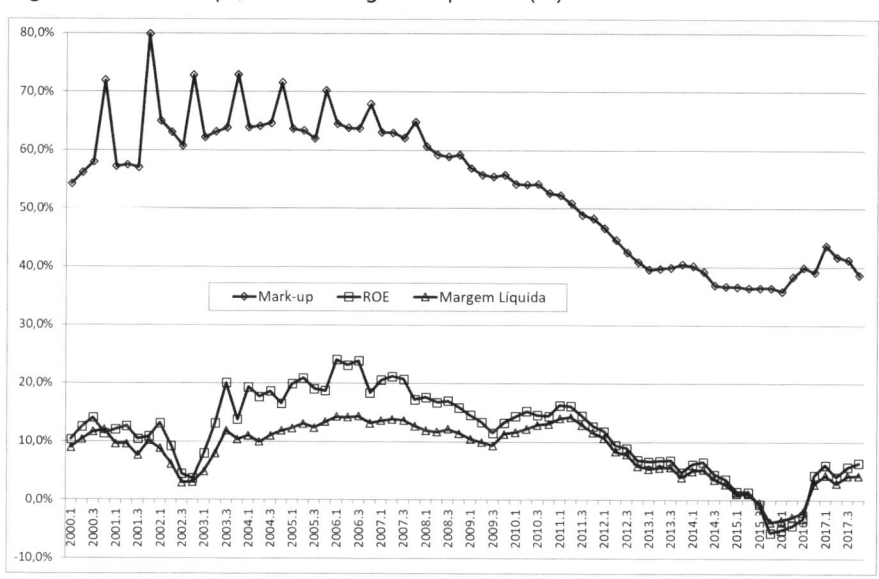

Figura 19 — Mark-up*, ROE e margem Líquida** (%)

Fonte: Meyer (2019) com base em dados do balanço de firmas obtidos na Economática.

*A margem líquida é calculada através da razão entre o lucro líquido e a receita operacional líquida.

** O mark-up é calculado através da razão entre a diferença da receita operacional líquida e o custo da mercadoria vendida.

A política econômica de Temer e Bolsonaro

A política econômica ortodoxo-liberal iniciada por Temer/Meirelles e aprofundada por Bolsonaro/Guedes tem dois aspectos principais: (i) realização de uma forte contração fiscal, principalmente pelo lado dos gastos correntes, baseada na tese da "contração fiscal expansionista"; (i) um conjunto de políticas liberais que visa a "destravar" o espírito empresarial das amarras do Estado via desregulamentação do mercado, permitindo que a iniciativa privada comande o processo econômico, inclusive no que se refere aos investimentos. Políticas de demanda têm papel nulo ou marginal nessa estratégia de crescimento, podendo apenas serem adotadas excepcionalmente através de medidas pontuais que não impliquem custo fiscal.

Com relação ao ajuste fiscal, como já mencionado, foi aprovada no governo Temer a PEC 241/55, ao final de 2016, estabelecendo uma limitação ao crescimento das despesas do governo brasileiro durante 20 anos. Conforme anunciado pelas autoridades governamentais, parece haver na gestão Bolsonaro/Guedes uma opção pela "terapia de choque", através de uma eliminação abrangente das "amarras" orçamentárias, incluindo propostas como desindexação das despesas orçamentárias: fim da correção automática anual do salário mínimo e benefícios previdenciários pela inflação e eliminação das obrigações orçamentárias (saúde e educação)[7].

No que se refere às reformas, as principais medidas implementadas e anunciadas são: (i) reforma trabalhista (já aprovada ao final de 2016) com uma série de flexibilizações no mercado de trabalho: contribuição sindical opcional; mudanças nas regras de demissão, descanso e férias; permissão para jornada de trabalho de até 12 horas; criação da modalidade de contratação a termo, trabalho intermitente etc.); (ii) reforma previdenciária (em fase da aprovação pelo Congresso Nacional): mudança na idade mínima — 62 anos para mulheres e 65 anos para homens —, nas regras de pensão para viúva e filhos etc.; (iii) reforma tributária (a ser definida); (iv) privatização das empresas estatais, já iniciada pelas subsidiárias, como BR Distribuidora, atingindo, no limite, as "gigantes" estatais, como a própria

---

7 Ver, por exemplo, Von Doellinger (2019).

Petrobras; (v) abertura comercial com redução nas tarifas alfandegárias[8], no contexto da estratégia de "recuperar a competitividade via economia de mercado"; (vi) Acordo de livre comércio com União Europeia; dentre outras iniciativas.

Como medida pontual para estimular a demanda de consumo das famílias, dada a fraca e lenta recuperação econômica ao longo de 2019, a equipe econômica anunciou, ao final de julho de 2019, a liberação de saques de até R$500 nas contas ativas e inativas do FGTS e do PIS/PASEP, estimando uma liberação de recursos da ordem de R$42 bilhões em 2019 e 2020. Estimativas sobre o impacto de tal medida mostram que ela terá um impacto pontual e limitado sobre o PIB, gerando um aumento de 0,2% do PIB em 2019 (Balassiano, 2019).

A agenda econômica do governo é uma espécie de reedição do *liquidacionismo de Hoover-Mellon*[9], no sentido de que as medidas de estímulo à demanda agregada são vistas pela equipe econômica do governo como contraproducentes, muitas vezes comparadas a "dar cachaça para o alcoólatra parar de tremer" (Mendes, 2019). A equipe econômica endossa, assim, não apenas a "visão do Tesouro", segundo a qual a redução da participação do Estado na economia é automaticamente compensada pelo aumento da participação privada; como ainda a ideia de que a crise econômica brasileira é essencialmente um problema moral, ou seja, resultado da "gastança" dos governos anteriores e que agora precisa ser purgada. Nesse

---

8   Portaria do Ministério da Economia de 02/08/2019 reduziu de 16% a 14% para zero a alíquota do imposto de importação para 240 máquinas e equipamentos industriais sem produção no Brasil e de 20 bens de informática e telecomunicações. Além disso, foi renovada a tarifa zero para 21 bens de capital. Ao todo, 281 produtos foram abrangidos.

9   No início da década de 1930, Andrew Mellon, Secretário do Tesouro dos EUA, diante de uma catástrofe econômica sem precedentes, pediu ao presidente Hoover que se abstivesse de usar o governo para intervir na depressão. Mellon acreditava que recessões econômicas, como as ocorridas em 1873 e 1907, eram uma parte necessária do ciclo de negócios, porque expurgariam a economia.

contexto, a recessão é vista como uma espécie de "mal necessário" para desinfecionar o organismo econômico brasileiro, e qualquer tentativa de acelerar "artificialmente" a recuperação cíclica apenas agravará os problemas da economia brasileira no futuro[10].

As políticas de austeridade fiscal são inspiradas na hipótese de ajuste fiscal contracionista, segundo a qual uma contração fiscal seria capaz de aumentar a confiança do setor privado e estimular novas decisões de consumo e investimento por meio de um efeito de *crowding in* sobre decisões privadas de gasto. Essa linha de pesquisa foi liderada por Alesina e seus colaboradores (ver, entre outros, Alesina e Ardagna, 2010), que usaram o conceito de *cyclically adjusted primary budget balance* para identificar em vários países os momentos de grande consolidação fiscal e correlacionam esses eventos com a dinâmica do PIB no momento seguinte ao do ajuste fiscal. Com base nesse conjunto de dados, os autores encontraram evidências de que os países que praticaram consolidações fiscais expressivas obtiveram melhor desempenho econômico.

Na realidade, o respaldo empírico que essa literatura deu foi bastante frágil. Em primeiro lugar, essa literatura nunca foi além de identificar padrões de correlação em vez de causalidade. É claramente factível que o crescimento econômico tenha sido responsável pela melhoria dos resultados fiscais. Quando esse tipo de controle é feito, os resultados não respaldam a conclusão da contração fiscal expansionista. Em segundo lugar, está o problema de omissão de variável relevante. Tanto o resultado fiscal quanto o comportamento do PIB podem ter sido influenciados por uma terceira variável omitida. Em matéria de política fiscal, esses exemplos são abundantes, como a elevação do preço das commodities; a evolução mais favorável da taxa de câmbio em países exportadores; o relaxamento da

---

10 Nesta linha de argumentação, ver artigo de Marcos Mendes intitulado "Estímulo de curto prazo é como dar cachaça para alcóolatra parar de tremer" (Mendes, 2019).

política monetária; maior crescimento na construção civil e no preço dos imóveis etc.[11]

Do ponto de vista da concepção de demanda efetiva, pode-se sustentar que um ajuste fiscal não necessariamente melhora a confiança empresarial, uma vez que o empresário não investe porque o governo fez ajuste fiscal, e sim quando há demanda por seus produtos e perspectivas promissoras de lucro. E, nesse ponto, a contração do gasto público através de uma terapia de choque, como proposta por Paulo Guedes, em situações de uma economia estagnada em que a maioria dos componentes de gastos está estagnada — que, como visto, é o caso da economia brasileira desde 2017 — não aumenta a demanda agregada da economia; pelo contrário, essa contração a reduz, prejudicando ainda mais a tênue recuperação econômica.

Com relação às reformas liberais, ainda que fuja do escopo deste trabalho analisá-las mais detalhadamente[12], o mais provável é que muitas delas tenham efeito contracionista no curto prazo, como é o caso da reforma da previdência, conforme estimado por um estudo do FMI (IMF, 2019b). Embora seja difícil estimar os efeitos da reforma trabalhista no contexto de uma economia estagnada, é provável resultar em uma maior precarização das relações de trabalho, com troca de trabalho formal por trabalho temporário ou terceirizado. A flexibilidade trabalhista resultará, dada a tendência recente de precarização do mercado de trabalho, em aumento da alta rotatividade do trabalho, diminuindo o poder de barganha dos trabalhadores. Ademais, outras modalidades de contratação têm avançado no mercado de trabalho, dentre as quais destacam-se a terceirização, a "pejotização" e a "uberização". Destaca-se, em particular, o crescimento do MEI (microempreendedor individual), um movimento bem consolidado

---

11 Uma resenha da literatura empírica é feita por Paula e Pires (2013).

12 Para um aprofundamento, ver Carneiro (2019).

de utilização da força de trabalho em um modo *just in time*, com menor nível de direitos e proteção social (Krein et al., 2018).

Quanto à privatização de grandes empresas estatais, como a Petrobras, haverá efeito duvidoso com relação à ampliação de investimentos privados, mas certamente implicará perda do comando do capital nacional estatal sobre setores estratégicos para economia brasileira, como o caso de petróleo e derivados, dada sua importância como insumo em uma economia fortemente dependente de malha rodoviária.

Com relação à abertura comercial em curso, o problema é que, feita de forma abrupta e não conjugada com outras iniciativas (ampliação dos instrumentos de financiamento e de apoio à atividade industrial; modernização dos sistemas de inovação; melhoria da infraestrutura logística etc.), pode expor de imediato a indústria nacional à competição internacional em condições de grandes desvantagens competitivas em um contexto de preparação para a 4ª Revolução Industrial[13], fragilizando ainda mais esse setor.

Já o acordo de livre-comércio proposto com a União Europeia, que poderá resultar em redução significativa das tarifas alfandegárias sobre produtos oriundos dessa região e livre acesso de empresas estrangeiras a compras e projetos governamentais, deverá, por um lado, aumentar a assimetria produtiva e tecnológica dessa região em relação ao Brasil, acentuando o grau de especialização da economia brasileira na produção de commodities, e, por outro, dificultar as políticas de conteúdo nacional para setores industriais importantes, como fármacos e indústria de defesa, dentre outros, além de poder inviabilizar a reconstrução do setor de construção civil nacional, fragilizado pela queda nos investimentos públicos e devido aos efeitos da operação Lava Jato (Rocha, 2019).

---

13 Quarta Revolução Industrial ou Indústria 4.0 é uma expressão que engloba sistemas ciber-físicos (CPS), internet das coisas (IoT), internet industrial das coisas (IIoT), computação em nuvem, computação cognitiva e inteligência artificial.

Conclusão

Este capítulo analisou as razões conjunturais e estruturais do processo de estagnação em que se encontra a economia brasileira e avaliou a política econômica (e a agenda econômica) implementada por Temer e Bolsonaro. Procuramos mostrar que a política ortodoxo-liberal — uma espécie de "tatcherismo" tupuniquim — que vem sendo implementada é equivocada e incapaz de dar sustentação a um novo ciclo de crescimento para a economia brasileira, sendo mais provável a manutenção de uma economia estagnada, resultando, por sua vez, em um comportamento de *stop and go* em termos de um baixo crescimento.

Isso ocorre porque a agenda de Bolsonaro/Guedes não enfrenta o problema crucial de economia brasileira, qual seja uma crônica *falta de demanda*, que requer uma outra agenda de ajuste fiscal, mais gradualista e de longo prazo, abrindo espaço para o crescimento dos investimentos públicos. Ademais, objetiva a redução do papel do Estado na economia, buscando abrir espaço para o empreendimento privado como principal estratégia de desenvolvimento. A questão central para uma estratégia de desenvolvimento, contudo, não é mais ou menos Estado, mas qual Estado é necessário para dar suporte ao mesmo, buscando um equilíbrio entre Estado e mercado. De fato, não há experiência de desenvolvimento desde o século XX que tenha prescindido de um papel ativo do Estado na economia.

Por fim, cabe ressaltar que a melhoria nas condições financeiras da economia brasileira (valorização do Ibovespa e redução do juro de longo prazo, entre outros fatores) não necessariamente se traduz em aumento da eficiência marginal do capital dos novos projetos de investimento, que depende do *estado de expectativa de longo prazo dos empresários*, largamente influenciado pelo crescimento esperado das vendas e, portanto, da demanda efetiva. Não há nenhuma razão para se esperar um crescimento forte da demanda autônoma (exportações e investimento do governo) nos próximos anos, razão pela qual não vislumbramos nenhum vetor de crescimento expressivo da demanda e das vendas nos próximos anos. Nessas condições, o investimento privado deverá permanecer relativamente estável, assim como os gastos de consumo das famílias. É importante ressaltar que uma aceleração do crescimento só é possível por intermédio de um aumento do componente autônomo da demanda que não gera capacidade produtiva, haja vista que o investimento privado apenas se ajusta ao crescimento esperado das vendas, não sendo, portanto, um elemento da demanda autônoma. O consumo das famílias também não desempenhará esse papel em função da situação prevalecente no mercado de trabalho — elevado desemprego e alta informalidade da força de trabalho —, o que diminui a possibilidade de um aumento do consumo financiado pelo crédito bancário.

Referências bibliográficas

ALESINA, A. e ARDAGNA, S. (2010). "Large changes in fiscal policy: taxes versus spending". In Brown, Jeffrey (ed.). *Tax Policy and the Economy*, vol. 24. Chicago: The University of Chicago Press.

AMARAL, R.Q; OREIRO, J.L. (2008). "A Relação entre o Mercado de Dívida Pública e a Política Monetária no Brasil". *Revista de Economia Contemporânea*, Vol. 12, N. 3.

ARESTIS, P.; SAWYER, M. (1998). "Keynesian Economic Policies for the New Millennium". *Economic Journal*, Vol. 108, No. 446, pp. 181–195

BALASSIANO, M. (2019). "Liberação do FGTS: estímulo à economia". Blog do IBRE, 29/07/2019, https://blogdoibre.fgv.br/posts/liberacao-do-fgts-estimulo-economia

BARBOSA, R. (2019a). "Estagnação, desalento, informalidade e a distribuição da renda do trabalho no período recente (2012–2019*). Mercado de Trabalho — Conjuntura e Análise* n. 67, IPEA, setembro.

BARBOSA, N. (2019b). "O problema das três regras fiscais". *Observatório da Economia Contemporânea, Le Monde Diplomatique Brasil*, 30 de maio.

BARBOSA, F.H. (2006). "The Contagion Effect of Public Debt on Monetary Policy: the Brazilian Experience". *Revista de Economia Política*, Vol. 26, N. 2.

BARBOSA, F.H; CAMELO, F.D; JOÃO, I.C. (2016). "A Taxa de Juros Natural e a Regra de Taylor no Brasil (2003-2015)". *Revista Brasileira de Economia,* Vol. 70, N. 4.

BARBOZA, R. e CAMPELLO, D. (2019). "PIB e preços de commodities". *Valor Econômico*, 22/08/2019.

BCB – Banco Central do Brasil (2009). *Relatório de Economia Bancária e Crédito de 2009.* Brasília: BCB.

BCB – Banco Central do Brasil (2014). *Relatório de Economia Bancária e Crédito de 2014.* Brasília: BCB.

BCB – Banco Central do Brasil (2017), http://www.bcb.gov.br/pt-br/#!/n/SERIESTEMPORAIS. Acesso em 07/12/2017.

BCB – Banco Central do Brasil (2019), https://www3.bcb.gov.br/sgspub/localizarseries/localizarSeries.do?method=prepararTelaLocalizarSeries. Acesso em 05/09/2019.

BLANCHARD, O. (2004). *Macroeconomia*. 3ª edição. Prentice Hall, São Paulo,

BLINDER, A. (1998). *Central Banking in Theory and Practice*. MIT Press: Cambridge (Mass.).

BOGDANSKI, J.; TOMBINI, A. A.; WERLANG, S. R. (2000). "Implementing inflation target in Brazil". *Working Paper*, Brasília: Banco Central do Brasil, n.1.

BORÇA Jr., G., BARBOZA, R. e FURTADO, M. (2019). "A recuperação do PIB brasileiro em recessões: uma visão comparativa". Blog do Ibre. Disponível em: https://blogdoibre.fgv.br/posts/recuperacao-do-pib-brasileiro-em-recessoes-umavisao-comparativa.

BORGES, B. (2018). "Novos núcleos, *monetary overkill* e o choque cambial". Blog do IBRE, https://blogdoibre.fgv.br/posts/novos-nucleos-monetary-overkill-e-o-choque-cambial

BRESSER-PEREIRA, L.C. (2006). "O Novo-Desenvolvimentismo e a Ortodoxia Convencional". *São Paulo em Perspectiva*, Vol. 20, N.3.

BRESSER-PEREIRA, L.C. (2007). *Macroeconomia da Estagnação*. Editora 34: São Paulo.

BRESSER-PEREIRA, L.C. (2009). *Globalização e Competição*. Campus: Rio de Janeiro.

BRESSER-PEREIRA, L.C. (2014). *A Construção Política do Brasil*. Editora 34: São Paulo.

BRESSER-PEREIRA, L.C; OREIRO, J.L; MARCONI, N. (2015). *Developmental Macroeconomics: new developmentalism as a growth strategy*. Routledge: Londres.

BRESSER-PEREIRA, L.C; OREIRO, J.L; MARCONI, N. (2016). *Macroeconomia Desenvolvimentista*. Elsevier: Rio de Janeiro.

CARRANÇA, T. (2019). "Fraqueza da renda é risco para consumo". *Valor Econômico*, 04/10/2019, p. A6.

CARNEIRO, R. (2019). "A agenda econômica anacrônica do Governo Bolsonaro". *Brazilian Keynesian Review*, 5(1): 154–173.

CANUTO, O. (2017). "A Natureza do ciclo de Crédito Brasileiro". The Huffington Post Brasil, 05 de fevereiro.

CARLIN, W; SOSKICE, D. (2006). Macroeconomics: imperfections, institutions and policies. Oxford University Press: Oxford.

CARNEIRO, D. D. (2006). "Letras Financeiras do Tesouro e normalidade financeira: haverá um "peso problem"?" In: BACHA, E. L.; OLI-

VEIRA, L. C. (orgs). *Mercado de capitais e dívida pública*. Rio de Janeiro: Contra Capa, pp. 197–218.

CEMEC (2015). "Fatores da queda do investimento — 2010–2014". *Nota CEMEC* 03/2015, março 2015.

CEMEC (2017). "Indicadores de endividamento e capacidade de pagamento das empresas não financeiras". *Nota CEMEC* 06/2017, julho 2017.

DIEESE – Redes Bancários (2017). "Lucros permaneceram elevados, mas bancos promovem intensa reestruturação". São Paulo: DIEESE.

FEIL, F.; SLIVNIK, A. (2017). "Caixa Econômica Federal e Banco do Brasil: Notas sobre sua evolução patrimonial recente". *Anais do XXII Encontro Nacional de Economia Política (ENEP)*, Campinas.

FUNCEX (2019), http://www.funcexdata.com.br/ Acesso em 19/09/2019.

GALA, P. (2018). "O peso das dívidas na recuperação econômica brasileira". *Valor Econômico*, 09/08/2019.

HAAVELMO, T. (1945). "Multiplier effects of balanced budget". *Econometrica*, vol. 13, pp. 311–318.

HERR, H; KAZANDZISKA, M. (2011). *Macroeconomic Policy Regimes in Western Industrial Countries*. Routdlege: Londres.

IBGE (2019), https://www.ibge.gov.br/. Acesso em 12/09/2019.

IMF - International Monetary Fund (2014). *World Economic Outlook: Legacies, Clouds, Uncertainties*. Washington, October.

IMF - International Monetary Fund (2019a). *World Economic Outlook: Still Sluggish Global Growth*. Washington, July.

IMF - International Monetary Fund (2019b). "Brazil Article IV consultation". *IMF Country Report* No. 19/242, July.

IPEADATA (2019), http://www.ipeadata.gov.br/Default.aspx. Acesso em 16/09/2019.

KEYNES, J.M. (1936). *The General Theory of Employment, Interest and Money*. Macmillan: Londres.

KREIN, J. et al. (2018). "Flexibilização das relações de trabalho: insegurança para os trabalhadores". In Krein, José, Gimenez, Denis e dos Santos, Anselmo (org.). *Dimensões Críticas da Reforma Trabalhista no Brasil*. Campinas: Curt Nimuendajú.

LARA-RESENDE, A. (2017a). "Juros e Conservadorismo Intelectual". *Valor Econômico*, 13 de janeiro.

LARA-RESENDE, A. (2017b). "Teoria, Prática e Bom Senso". *Valor Econômico*, 27 de janeiro.

LEAL, R.M. (2007). "Estrutura e determinantes do spread bancário no Brasil após 1994: uma análise da literatura empírica". In PAULA, L.F. e OREIRO, J.L. (org.). *Sistema Financeiro: Uma Análise do Setor Bancário Brasileiro*. Rio de Janeiro, Campus/Elsevier.

LISBOA, M; PESSOA, S. (2017). "Nada de novo no debate monetário no Brasil". *Valor Econômico*, 20 de janeiro.

LOYO, E. (2017). "Neofisherianismo: vai entender". *Valor Econômico*, 02 de fevereiro.

LUDVIGSON, S.; STEINDEL, C.; LETTAU, M. (2002). "Monetary Policy Transmission through the consumption-wealth channel". *Economic Policy Review*, maio.

MARCONI, N., GAMACHO, G. LEÃO, R. e MACHADO, J. (2019)."Uma cilada para o desenvolvimento".*Valor*,18/09/2019, p. A10.

MDIC (2019), http://www.mdic.gov.br/. Acessado em 28/08/2019.

MENDES, M. (2019). "Estímulo de curto prazo é como dar cachaça para alcóolatra parar de tremer". *Folha de S.Paulo*, 08/07/2019.

MEYER, T. (2019). "Determinantes do investimento privado no Brasil no período recente: uma abordagem pós-keynesiana". Tese de doutorado. Rio de Janeiro: PPGCE/UERJ, setembro.

MINISTÉRIO DA FAZENDA (2019). *Boletim Resultado Fiscal Estrutural — 2018*. Brasilia: Ministério da Fazenda, abril.

MINSKY, H. (1982). *Can 'IT' Happen Again? Essays on Instability and Finance*. New York: M.E.Sharpe.

MISHKIN, F. (2000). "Inflation Targeting in Emerging Market Countries". *NBER Working Paper*, Cambridge, MA, n. 7618.

MORA, M. (2015). "A evolução do crédito no Brasil entre 2003 e 2010". *Texto para Discussão IPEA*, 2022, janeiro.

MOURA, A. R. (2006). "Letras Financeiras do Tesouro: quousque tandem" In: BACHA, E. L.; OLIVEIRA, L. C. (2006). *Mercado de Capitais e Dívida Pública*. Rio de Janeiro: Contra Capa, pp. 245–254.

NERI, M; GONZAGA, G; CAMARGO, J.M. (2001). "Salário Mínimo, 'Efeito Farol' e Pobreza". *Revista de Economia Política*, Vol. 21, N. 82.

OLIVEIRA, G. (2016). "O desempenho do sistema bancário no Brasil no período recente (2007–2015)". Relatório de Pesquisa. Campinas: IPEA.

OLIVEIRA, G.; WOLF, P.J.W. (2016). "A dinâmica do mercado de crédito no Brasil no período recente (2007–2015)". *Texto para Discussão IPEA*, 2243, outubro.

OREIRO, J.L. (2017). "Uma Nova Política Fiscal". *Diário de Comércio e Indústria*, 23 de Fevereiro.

(2015). "As Várias Faces do Desenvolvimentismo". *Valor Econômico*, 11 de maio.

(2016). *Macroeconomia do Desenvolvimento: uma perspectiva Keynesiana*. LTC: Rio de Janeiro.

OREIRO, J.L; D'AGOSTINI, L. (2017). "Macroeconomic Policy Regimes, Real Exchange Rate Over-Valuation and Performance of Brazilian Economy (2003–2015)". *Journal of Post Keynesian Economics,* Vol. 40, N. 1.

OREIRO, J.L; D'AGOSTINI, L. (2016). "From Lula Growth Spectacle to the Great Recession (2003–2015): Lessons of the management of the macroeconomic tripod and macroeconomic challenges for restoring economic growth in Brazil". Disponível em http://joseluisoreiro.com.br/site/link/eca7eac82f16c20f9c2c75cb375ecbc01489ea2f.pdf.

OREIRO, J.L; PAULA, L.F; SILVA, G.J; AMARAL, R. (2012). "Por que as taxas de juros são tão elevadas no Brasil? Uma avaliação empírica". Revista de Economia Política, Vol. 32, N. 4.

OREIRO, J.L; ARAUJO, E. (2012). "A Crise de 2008 e os Erros do Banco Central do Brasil" In: BRESSER-PEREIRA, L.C. (org.). *Depois da Crise: A China no Centro do Mundo*. Editora FGV: Rio de Janeiro.

OREIRO, J.L; FEIJÓ, C. (2010). "Desindustrialização: conceituação, causas, efeitos e o caso brasileiro". *Revista de Economia Política,* Vol. 30, N. 2.

OREIRO, J. L. C., PASSOS, M. O. (2005) "A governança da política monetária brasileira: análise e proposta de mudança". *Indicadores Econômicos*, FEE, Porto Alegre, v. 33, n.1, pp. 157–168.

PAULA, L.F. (2014). *Sistema Financeiro, Bancos e Financiamento da Economia*. Rio de Janeiro: Campus/Elsevier.

PAULA, L.F.; ALVES Jr., A.J. (2003)."Banking behaviour and the Brazilian economy after the Real Plan". Banca Nazionale del Lavoro Quarterly Review, v. 227, pp.337–365.

PAULA, L.F. e PIRES, M. (2013). "The effects of fiscal policy after the global recession: Assessing the evidences". *Revista de Economia Política*, 33(2):315–321.

PAULA. L.F., MODENESI, A.; PIRES, M. (2015). "The tale of the contagion of two crises and policy responses in Brazil: A case of (Keynesian) policy coordination?". *Journal of Post Keynesian Economics*, v. 37, n. 3, pp. 408–435.

PAULA, L.F.; PIRES, M. (2017). "Crise e perspectivas para a economia brasileira". *Estudos Avançados* v. 31, n. 89, pp. 125–144.

PIRES, M., BORGES, B. e BORÇA Jr., G. (2019). "Por que a recuperação tem sido a mais lenta de nossa história?". *Brazilian Keynesian Review*, 5(1): 174–202.

PRATES, D.M.; FREITAS, M.C.P. (2013). "Crédito corporativo no Brasil: evolução recente e perspectivas". *Revista de Economia Política*, v. 32, n. 2, pp. 322–340.

REIS JR, H.M. (2015). Ensaios sobre Economia Bancária: Uma análise da competição, concentração, eficiência e spread do setor bancário brasileiro no período recente. Tese de Doutorado. Rio de Janeiro: IE/UFRJ, dezembro.

ROCHA, M.A. (2019). "Por um pouco de realismo na política comercial". *Jornal dos Economistas CORECON-RJ*, setembro.

ROCCA, C. A. (2015). "Ajuste Fiscal e a Recuperação do Investimento". Apresentação *14° Seminário CEMEC de Mercado de Capitais*. São Paulo.

SARGENT, T; WALLACE, N. (1981). "Some Unpleasant Monetarist Arithmetic", Federal Reserve Bank of Mineapolis, *Quarterly Review*, pp.1–17.

SAWYER, M. (2009). "Fiscal and interest rate policies in the 'new consensus' framework: a different perspective". *Journal of Post Keynesian Economics*, Vol. 31, N. 4.

SECRETARIA DE POLÍTICA ECONÔMICA. (2016). "Resultado Fiscal Estrutural: novas estimações para a metodologia proposta", maio.

SOARES, C; MUTTER, A; OREIRO, J.L (2013). "Uma análise empírica dos determinantes da desindustrialização no caso brasileiro (1996–2008)" In: Azevedo, A; Feijó, C; Coronel, D. (orgs). *A Desindustrialização Brasileira*. Editora da Unisinos: São Leopoldo.

TESOURO NACIONAL (2019), http://tesouro.fazenda.gov.br/. Acesso em 26/06/2019.

TINBERGEN, J. (1988). *Política Econômica: princípios e planejamento*. Nova Cultural: São Paulo.

VALOR ECONÔMICO (2017). "Investimento Federal cai de 3,25% do PIB para 1,9% do PIB entre 2013 e 2016", 22 de fevereiro.

VALOR ECONÔMICO. (2017). "Fazenda e órgão ligado a Senado divergem sobre cenário fiscal", 3 de fevereiro.

VON DOELLINGER, C. (2019). "Ajuste fiscal: gradualismo ou tratamento de choque". *Valor Econômico*, 17/09/2019.

WALSH, C. (2010). *Monetary Theory and Policy*. MIT Press: Cambridge (Mass.). 3ª Edição.

Índice

A
aceleração da inflação 43
ágio 78
A Grande Recessão Brasileira 35
ajuste fiscal 154
alavancagem 115
armadilha da liquidez 82
arrecadação fiscal 143

B
balance sheet effect 129
Banco Central do Brasil 50
bancos privados 111
bancos públicos 110
barreira inflacionária 5
BNDES 116
boom 106

C
câmbio administrado 9
captação de recursos 111
carga tributária 53
Comitê de Política Monetária 62
commodities 101
concentração de renda 134
concessão de crédito 104
conflito distributivo 63
Conselho Monetário Nacional 91
contração fiscal 154
contração fiscal expansionista 128
controles à entrada de capitais 22
credit crunch 103
crédito bancário 99
crédito direcionado 96
crédito livre 139
crescimento econômico 111
crises
  crise argentina 145
  crise bancária 55
  crise de 2008 119
  crise do euro 119
  crise econômica internacional 37
  crise fiscal 50
custo unitário do trabalho 28, 41

D

default 109
deficit 14
demanda agregada doméstica 27
desaceleração do crédito 94
desaceleração do crescimento 37
desaceleração econômica 133
deságio 78
desalavancagem 52
desemprego 28
desenvolvimentismo inconsistente 25
desindustrialização 150
desinflação 147
desvalorização cambial 152
dívida pública 48
dominância fiscal 87
duration 78

E

Ebitda 104
economia brasileira 127
efeito histerese 147
efeito riqueza 76
esmagamento da taxa de lucro 150
espaço fiscal 44
estagnação 102
estratégias de concessão de crédito 95
expansão do crédito bancário 107

F

falta de demanda 136
flexibilização do tripé macroeconômico 36
flutuação cambial 9

G

gastos primários 27, 55
governos
  governo Bolsonaro 128
  governo Dilma 75
  governo Lula 65
  governo Temer 89
guerra comercial 145

H

hiato do produto 36

I

Ibovespa 159
impeachment 52
impulso fiscal 45, 74
inércia inflacionária 63, 71

inflação de custos 17
investimento privado 160
IPCA 61

L

Lei de Falências 95
Lei de Responsabilidade Fiscal 142
Letras do Tesouro Nacional 91
LFT 77

M

mark-up 153
medidas macroprudenciais 24
meta de resultado primário 142
metas
  meta de gastos 142
  meta de resultado primário 142
  meta inflacionária 58
  metas declinantes de inflação 6
modelo neokeynesiano 91

N

nova matriz macroeconômica 37
novo consenso macroeconômico 6
novo-desenvolvimentismo 19

O

open market 82
operação Lava Jato 133
overkill 129
overnight 116

P

padrão de rentabilidade dos bancos 94
PEC 241/55 55
Petrobras 155
PIB 4
Plano Real 81
políticas
  política cambial ativa 19
  política econômica Temer/Bolsonaro 129
  política fiscal xii
    política fiscal expansionista 136
    política fiscal responsável 136
  política macroeconômica 46
  política monetária
    política monetária contracionista 136
    política monetária expansionista 24
  política ortodoxa-liberal 129
  política salarial 10
  políticas contracíclicas 97
  políticas keynesianas xiii
Ponzi 104
pós-crise 136

preços
  preços livres comercializáveis 73
  preços livres não transacionáveis 74
prêmio de liquidez 91
prêmio de risco-país 90
pressão inflacionária 63, 71
processo de estagnação 159
processo desinflacionário 50
proxy de risco 123

R

realinhamento de preços 42
receitas com operações de crédito 116
receitas financeiras 117
recessão 35, 53, 98
recontratação diária 79
redução dos juros 92
reforma previdenciária 154
reforma trabalhista 154
reforma tributária 154
regime de metas de inflação 59
Regime Macroeconômico
repique inflacionário 135
rograma de Aceleração do Crescimento 2

S

saldo da balança comercial 149
semiestagnação 93
senhoriagem 88
sentido de Tinbergen xiv
spreads 106
  spread ex ante 119
  spread ex post 119
superavit primário 2

T

tarifas alfandegárias 158
taxas
  taxa de inflação 5
  taxa de juros de equilíbrio 59, 63
  taxa de juros real efetiva 63
  Taxa de Retorno sobre o Capital Próprio 40
  taxa média de crescimento 128
  taxa nominal de câmbio 42
  taxa nominal de juros 59
  taxa Selic 64
T-Notes 68
trade-off 59
tripé flexibilizado 9
tripé flexível 3
tripé macroeconômico 1
tripé rígido 3

CONHEÇA OUTROS LIVROS DA ALTA BOOKS

Todas as imagens são meramente ilustrativas.

CATEGORIAS

Negócios - Nacionais - Comunicação - Guias de Viagem - Interesse Geral - Informática - Idiomas

SEJA AUTOR DA ALTA BOOKS!

Envie a sua proposta para: autoria@altabooks.com.br

Visite também nosso site e nossas redes sociais para conhecer lançamentos e futuras publicações!

www.altabooks.com.br

ALTA BOOKS
EDITORA

/altabooks ▪ /altabooks ▪ /alta_books

Este livro foi impresso nas oficinas gráficas da Editora Vozes Ltda.,
Rua Frei Luís, 100 – Petrópolis, RJ.